Félix Lope de Vega y Carpio

El vaso de elección de San Pablo

Barcelona **2024**
Linkgua-ediciones.com

Créditos

Título original: El vaso de elección de san Pablo.

© 2024, Red ediciones S.L.

e-mail: info@linkgua.com

Diseño de cubierta: Michel Mallard.

ISBN rústica: 978-84-9816-180-9.
ISBN ebook: 978-84-9897-253-5.

Sumario

Brevísima presentación

La vida
Félix Lope de Vega y Carpio (Madrid, 1562-Madrid, 1635). España.
Nació en una familia modesta, estudió con los jesuitas y no terminó la universidad en Alcalá de Henares, parece que por asuntos amorosos. Tras su ruptura con Elena Osorio (Filis en sus poemas), su gran amor de juventud, Lope escribió libelos contra la familia de ésta. Por ello fue procesado y desterrado en 1588, año en que se casó con Isabel de Urbina (Belisa).
Pasó los dos primeros años en Valencia, y luego en Alba de Tormes, al servicio del duque de Alba. En 1594, tras fallecer su esposa y su hija, fue perdonado y volvió a Madrid.
Entonces era uno de los autores más populares y aclamados de la Corte. La desgracia marcó sus últimos años: Marta de Nevares una de sus últimas amantes quedó ciega en 1625, perdió la razón y murió en 1632. También murió su hijo Lope Félix. La soledad, el sufrimiento, la enfermedad, o los problemas económicos no le impidieron escribir.

La revelación
Mientras Saulo iba a Damasco en persecución de los discípulos de Jesús, una voz le envolvió, cayó en tierra y oyó la voz de Jesús: Saulo, Saulo ¿por qué me persigues? Saulo preguntó: ¿Quién eres tú, Señor? Jesús le respondió: Yo soy Jesús a quien tú persigues. ¿Y qué debo hacer, Señor?
Cuando Saulo se levantó estaba ciego, pero se había convertido en el apóstol san Pablo: «El vaso de ignominia se había convertido en vaso de elección».

Personajes

Eliud
Pescador
Zebedeo
Pedro
María Salomé
Andrés
Perpetua
Jacobo
Juan
Saulo
Balbo
Eliazar
Esteban
Ananías
Capitán
Soldados
Gamaliel
Bernabé
Magdalena
Astarote
Carne
Ángel
Niño
Claudio
Tulia
Nerón
Séneca
Lino
Cleto
Peregrino
Pablo
Cristo

Jornada primera

(Suena dentro ruido de alegría, y sale Eliud, de camino.)

Eliud
                Yo llego a buena ocasión,
que estos que alegres cantando
vienen, pescadores son,
que, esta ribera alegrando,
ponen al mar atención.
    Y el gran mar de Galilea
parece que lisonjea
sus rústicas voces tanto,
que les paga en calma el canto
con apacible marca.

(Gritan dentro.)
    La grita pasa adelante,
y aquí viene un pescador.

(Sale un pescador con un azadón al hombro, y comienza a cavar.)

Pescador
Aqueste sitio es bastante
para el tálamo.

Eliud
                ¡Ah, señor!

Pescador
¿Quién es?

Eliud
           Cierto caminante
que viene muy bien criado
y es preguntador cruel.

Pescador
Vos seáis muy bien llegado;
que yo también soy fiel
respondedor.

Eliud	Bien hablado:
	no se lo puedo negar.

Pescador   Comenzad a preguntar
si prolijo habéis de ser;
que yo os pienso responder
sin que deje de cavar,
  porque han de poner aquí
los novios.

Eliud   Eso entendí
preguntaros.

Pescador   Y estará
vuestra pregunta de mí,
  según eso, satisfecha.

Eliud   Aún falta más.

Pescador   ¿No aprovecha
lo dicho?

Eliud   Quiero saber
el nombre de la mujer
y del novio.

Pescador   Cuenta estrecha.

Eliud   No os pese; que semejantes
sucesos suelen servir
de alivio de caminantes.

Pescador   En acabando de oír
sus nombres, quedáis como antes;

que quien vive en las ciudades,
mal los destas soledades
conocerá por los nombres;
mas de las mujeres y hombres
os diré nombres y edades,
    para que vais satisfecho
y os dejéis de preguntar.
Ya aquesto a que vine es hecho.

Eliud   El cielo de mar a mar,
para premiar vuestro pecho,
    siempre que la red caléis,
colme de vario pescado,
con que próspero quedéis.

Pescador   El nombre del desposado
muchos años preguntéis.
    Primeramente, es Simón
Pedro, un pescador de fama,
que él y su hermano lo son.

Eliud   ¿Cómo su hermano se llama?

Pescador   Andrés, mozo de opinión.
    que esta ribera del mar
de Galilea los tiene
por sus Neptunos, y a dar
todos sus peces les viene
en comenzando a pescar.
    Los dos tienen un navío,
y están muy ricos los dos,
que con celestial rocío
les hace mil bienes Dios
por su virtud.

Eliud	Yo lo fío.
Pescador	Treinta y nueve o cuarenta años

será de los dos la edad,
de muchos hombres extraños,
porque es gente de verdad
y de ningunos engaños.
    Conociendo esto, le ha dado
Aristóbolo a su hija,
que es un ciudadano honrado
de Betsaida, y regocija
hoy todo el margen sagrado
del mar este casamiento.
    Y no queda pescador
que con diverso instrumento
no dé a los novios honor
y al desposorio contento.
    El Zebedeo y María
Salomé, su esposa amada,
apadrinan este día
los novios, que es gente honrada,
de noble sangre judía.
    Vienen con ellos también
Juan y Jacobo, sus dos
amados hijos, a quien
ha de hacer mil bienes Dios,
porque son hombres de bien.
    Treinta y tres años tendrá
Jacobo, y Juan veintitrés,
que, visto, parecerá
de la cabeza a los pies
que con pincel hecho está.

12

Eliud	De la novia habéis callado la edad; sospecha me ha dado.
Pescador	Veinte años puede tener.
Eliud	Pollas buenas han de ser para un enfermo cuidado. De esa edad nos las receta el amor para comer.
Pescador	Y hermosa como discreta, y, sobre todo, mujer en virtudes muy perfeta, que es grande dicha encontrar, ya que un hombre haya de dar en aquese desvarío, lo que encontró el amo mío: Dios le dé pesca en el mar, pues es tan buen pescador.
Eliud	El nombre quiero saber.
Pescador	Perpetua, igual a su amor.
Eliud	Mal nombre para mujer; para censo era mejor. Mi dueño ha llegado ya. Quedaos con Dios.
Pescador	Dios os guarde. La boda llegando va, y con apacible tarde el mar aplauso le da.

(Gritan.)

(Entren los pescadores que pudieren, y uno con un árbol, que es el tálamo; y luego Jacobo, Andrés y Juan, de pescadores, y Pedro y Perpetua de las manos, ella en cabello y vestida de aldeana, y de la mano de Perpetua María Salomé, también el cabello tendido, de manto azul, vestida a lo judío, y el Zebedeo, y ponen el tálamo, y cantan y bailan.)

Músicos
Tálamo de amor,
icuán bien que parecéis hoy!

Uno solo
No parece el alba,
no parece el Sol,
no parece el mayo
la mitad que vos.
Siempre a vuestros ojos
cante el ruiseñor
canciones de amor
y de celos no.
Vuestras ramas vista
en cada ocasión,
el mayo de fruta
y el abril de flor.

Músicos
Tálamo de amor,
iqué bien que parecéis hoy!

Zebedeo
Ya está el tálamo en el puesto;
los novios se sientan, pues,
como es costumbre, y después
por su orden todo el resto.
Y no quede castañeta
que hoy no se rompa, ni son
que no diga de Simón

la ventura: el que es poeta,
  versos haga de repente;
el que toca, de contento
loco deje el instrumento
para otro día siguiente;
  el que de bailar se precia.
mudanzas haga a porfía;
que no hay cosa de alegría
en los desposorios necia:
  que a fe que si me cogiera
a mí un poco atrás la edad...

Pedro   Compadre, la voluntad
           estimo.

Zebedeo   ¡Pardiez! si hiciera
             de mejor gana que cuando
           con María Salomé,
           compadre, me desposé.
           Mas a Jacob y a Juan mando
             que bailen en mi lugar,
           porque no falte el placer.

María Salomé   Zebedeo, obedecer
             sabrán, pero no bailar;
               que son rústicos en eso,

Andrés   Aquí zagales están
           que por todos bailarán
           hasta que queden sin seso.
             Yo con mi hermano Simón
           y con Perpetua, mi hermana,
           bailar pienso una semana.

Pedro   Pues, Andrés, vaya de son.

                             Bien hayas tú, que celebras
con tal gozo y alegría
de mi desposorio el día,
y a la fortuna le quiebras
     los ojos de regocijo,
pues no ha sido mi ventura,
Andrés, para más cordura,
ni el bien que contento elijo.
     Dichoso mil veces yo,
Perpetua, que merecí
tu mano, que para mí
el cielo predestinó,
     porque antes de hacernos Dios,
tanto sin ser nos quisimos,
que dentro en su mente fuimos
para en uno ambos a dos.
     Allí amores te decía,
allí la mano me dabas,
y conmigo celebrabas
la ventura deste día.
     Y hoy que ha llegado, no hay cosa
que con mi dichoso estado
no se haya regocijado
viéndote, Perpetua hermosa.
     Mira el mar de Galilea
que su término forzoso,
no pudiendo de furioso,
de alegre pasar desea,
     rompiendo al cielo la fe;
y puede ser que presuma
querer cotejar su espuma
con la nieve de tu pie.
     Mira los peces saltando

con las escamadas colas,
y las peñas con las olas
parece que están jugando.

Y no hay marítimo risco
en el mar de Galilea
que no arroje por grajea
de fuente de ovas marisco.

Que para que en él te quedes
te hace, esposa, el mar sagrado
mil presentes de pescado
siendo tus ojos las redes.

Que para tu celestial
garganta, en llegando a verte,
feudo eterno ha de ofrecerte
de perlas y de coral.

Mi nao, que en la espuma cana
como pavón se enloquece,
corona del mar parece
y oriente de la mañana.

Y a la aurora desafía,
porque con tus bellos soles
ha de tener dos faroles
que han de dar más luz que el día.

Y no temiendo los bancos
del mar, con mil gallardetes,
por mesanas y trinquetes
muestra los costados blancos.

Al fin, nao, mar, peces, peñas,
y cuantos viéndome están,
todos parabién me dan
o con lenguas o con señas.

Y yo en aquesta ocasión,
mirando gloria tan alta,
aunque la razón les falta,

digo que tienen razón.
  Tanto en ellos ha podido
y en mí el bien de mi cuidado,
que ellos sentido han cobrado
y yo solo le he perdido.

Perpetua
  Estimo tu voluntad
y tu amor, como es razón,
y entiendo que en mí, Simón,
vive la propia verdad.
  Por la mujer más dichosa
me tengo que puede haber
en haber venido a ser,
Simón, tu mujer y esposa.
  Y no hay sentido que en mí
esta dicha no celebre,
y a solas no se requiebre
después que te ha dado el sí.
  Los ojos dicen que ven
por los tuyos, y que son
por donde hasta el corazón
dio el alma entrada a este bien.
  A los oídos no suena
música como tu voz,
que entra el alma más veloz
cual si fuese de sirena.
  Dice el olfato que el mayo,
con tan grande variedad,
no le huele la mitad,
Pedro, que tu tosco sayo.
  El gusto, que no ha comido
tal cosa como tu amor;
pues de las manos, mejor
dirás tú lo que han sentido.

Pues con llamallas tú nieve,
brasas de amor se han tornado
después, Pedro, que han tocado
las tuyas, que un fuego llueve
   desde el corazón aquí,
que no sé si son antojos,
que me sale por los ojos
y que me deja sin mí.
   Yo, a la fe, no sé qué son,
si son de amor maravillas,
haciéndome están cosquillas
en el mismo corazón.

Jacobo   Ruego a Dios que muchos años
os gocéis los dos, amén,
y que os dé Dios tanto bien
que no conozcáis los daños.
   Cuando la red caléis, sea
la pesca tal, que el navío
deje de peces vacío
todo el mar de Galilea.
   Y cuando a estas peñas salga
el pescado, cada cual
vomite una piedra tal,
que más que Betsaida valga.
   Conque a coronarte vengas
por no vista maravilla,
y siendo rey desta orilla,
el dominio del mar tengas.
   Y tanto alcance la fe,
Pedro, que guardas al cielo,
que con corona en el suelo
el mundo te bese el pie.

Juan

Ruego a Dios, Pedro, que seas
piedra en que algún edificio
de que el cielo nos da indicio
comience, y que tú lo veas.
  Que parece tu persona,
que aun en aquesta humildad,
una extraña majestad
secreta al mundo pregona:
  y que desde tu llaneza,
pescando desde esas rocas
que te han dado el ser, que tocas
al cielo con la cabeza.
  Y no te espantes si subes
desde tan bajo lugar,
pues que también desde el mar
suben al cielo las nubes.
  Y tanto te ha de querer
por tu fe Dios, Pedro amigo,
que imagino que contigo
ha de partir el poder.

Pedro

Esos encarecimientos
son para ingenio mayor,
mayor fe, mayor valor,
mayores merecimientos.
  Pero yo, Jacob y Juan,
soy en rostro un avestruz,
que aun no merezco la luz
que esos once orbes me dan.
  Vosotros sí merecéis
lo que a mí me deseáis,
por el valor que mostráis
y la sangre que tenéis.
  Este es general deseo

que se llevan de su idea
la voz, y de Galilea
los hijos del Zebedeo.
 Gran puesto habéis de tener;
que tú, Jacob sin segundo,
lucero has de ser el mundo,
y Juan águila ha de ser.

Zebedeo   Baste, y meta un baile paz,
no se nos vaya la boda
en razonamientos toda.

Andrés   Esto es pollos con agraz.

(Cantan:)   Tálamo de amor,
icuán bien parecéis hoy!
iOh cuán bien parecen
Perpetua y Simón!
Como el olmo y yedra,
sentados en vos,
vuestras verdes hojas
las bendiga Dios,
pues cubren dos novios
de tanto valor;
vivan muchos años,
que tal pescador
y tan linda novia
para en uno son.

Todos   ¡Tálamo de amor,
qué bien que parecéis hoy!

(Aquí bailan, y estando bailando dirá Eliud dentro.)

Eliud	¡Que se anega en el mar fiero! ¡Socorro! ¡Socorro! ¡Aquí, pescadores, acudí!
Andrés	Allí lucha un caballero del mar con las olas fieras, porque dellas contrastado su caballo le ha arrojado.
Pedro	Pues, Andrés, ¿a cuándo esperas? Desnúdate y sígueme, pues que puede ser su vida de nosotros socorrida y en tal peligro se ve.
Jacobo	Todos, Simón, te seguimos.
Juan	Todos tras ti caminamos.
Pedro	Ropa fuera, pues, y vamos, ya que su peligro vimos.

(Quítanse todos los sayos y quedan en calzones blancos y camisas, y vanse, y quedan el Zebedeo y las mujeres.)

Zebedeo	El caballo se ha escapado y del agua se sacude en la playa.
Juan	El cielo ayude a su dueño desdichado.
Perpetua	Ya Pedro al mar se arrojó, Andrés, Jacobo y Juan.

Zebedeo	Ya con él todos están.
Juan	Ya Pedro un brazo le asió.
Perpetua	Ya con mil ansiosos lazos de la muerte, el caballero le abraza.
Zebedeo	Ya del mar fiero le saca Simón en brazos.

(Salen todos con Saulo, vestido a lo romano, y mojados.)

Pedro	Ánimo; que de la guerra del mar, libre en esta parte estáis ya.
Saulo	Quiero besarte mil veces, amada tierra, y a ti los pies juntamente, pues que te debo la vida, casi anegada y perdida ya en el mar.
Pedro	El cielo aumente la que os dejó, forastero noble; que el cielo os la dio, que poco importara yo contra el furor del mar fiero. Sentaos, que estaréis cansado del mar, y dadnos razón de quién sois, y a qué ocasión el margen del mar sagrado

de Galilea pisasteis,
y a dónde es vuestro camino.

Saulo   Daros gusto determino,
ya que del mar me librasteis.
  Del tribu de Benjamín
soy, linaje antiguo y claro,
de los doce que a Israel
dio Jacob, padre de tantos.
Fue Giscalis patria mía
y de mis padres, y entrando
los romanos a ocupalla,
fuéronse a vivir a Tarso,
donde gozan, como en Roma,
los privilegios romanos
sus ciudadanos, nobleza
que las colonias gozaron.
De aquí mis padres, pequeño,
para estudiar me enviaron
a la gran Jerusalén,
del mundo asombro y milagro.
Física y humanas letras
aprendí, y del gran letrado
y maestro Gamaliel,
ingenio divino y raro,
aprendí la teología
de nuestra ley, siendo espanto
del más experto rabí,
en tiernos y verdes años.
Llámanme a Tarso mis padres
ahora, y he sospechado
que es para casarme, cosa
a que me muestro contrario.
Compré de casa de Herodes

para partirme un caballo,
que del codón al copete
es todo un tigre estrellado.
Cuyas clines de manera
le ensoberbecen, que estando
viendo su sombra, parece
el que dio fama a Alejandro.
Mandóle Herodes vender
porque una vez de palacio
saltando con Herodías,
que es hechizo de sus brazos,
cayó con ella, y pluguiera
al cielo le hubiera dado
en su vientre sepultura,
como el caballo troyano,
antes que hubiera pedido
de Juan, el profeta santo
que fue del Jordán Elías
y voz de Dios en sus campos,
aquella heroica cabeza,
que fue el más costoso plato
que pudo para su gusto
darle el Tetrarca tirano.
Al fin, de Jerusalén
salí con solo un criado,
en mi caballo los ojos
de todo el mundo llevando,
tan soberbio y tan airoso,
que en la silla levantado,
miraba las herraduras
de los pies y de las manos.
Llegué al mar de Galilea,
que antes de mirar de Tarso
los homenajes soberbios,

quise ver el mar sagrado,
este caballo del cielo,
siempre de espuma argentado,
que con un freno de arena
le detiene Dios el paso;
este, que de leños solos
se sustenta, este que armado
de montes de agua, parece
que se come estos peñascos,
en cuyos humildes senos,
camarines apartados,
forman varias taraceas
coral y huesos humanos;
de su calma a la lisonja
me llegué con mi caballo,
dándome el mar osadía
a bañarle pies y manos.
El Bucéfalo atrevido,
con la espuma del mar cano,
se juzgó el toro de Europa,
las olas menospreciando;
y una, soberbia, queriendo
satisfacer al agravio
del menosprecio, en el golfo
nos arrojó sin pensarlo.
El caballo comenzó
a nadar, porque enseñados
nacieron para el peligro
los brutos, de razón fa tos.
Yo, procurando volvelle
al margen, sacando el brazo
afirméme en los estribos
y apreté el freno en la mano.
«No te espantes —como César

le dije para animarlo—,
del mar adversa fortuna,
pues llevas sobre ti a Saulo.»
Entonces, como corrido
de que por cobarde y flaco
le hubiese tenido, echóme
con los corcovos por alto.
Recibiéronme las olas
con mil fingidos abrazos;
que como engendran sirenas,
todo es traiciones y engaños.
Probé a contrastar su furia,
mas fue pensamiento vano,
haciendo barca del cuerpo
y remos de los dos brazos.
Vime anegar y di voces,
y dio voces mi criado,
a tiempo que estaba yo
con la muerte entre los labios.
Y a no poner diligencia
vuestra piedad, fuera Saulo
manjar de hambrientos delfines
que mi fortuna anunciaron.
Gracias le doy a los cielos,
que hoy la vida, por milagro,
me dieron, siendo instrumento
vuestra piedad, en tal caso.
A quien ruego, pescadores
generosos, que más años
que tiene esta playa arenas
y hojas estos montes altos,
átomos la luz del día,
el cielo luceros claros,
gotas de agua el mar, los hombres

todos pensamientos varios,
de vida tengáis, y queden
vuestros nombres siglos largos
escritos en las memorias
de los anales humanos.
Y a ti, Pedro, que así entiendo
que los demás te han nombrado,
pues a tus brazos la vida
debo, haga el cielo santo
tan gran pescador, que olvides
el marítimo pescado
y de almas y hombres lo seas,
pues que tu valor es tanto.
Y esa nave, de quien eres
dueño de vergas en alto,
la mires con el Mesías
que las tribus aguardamos,
siendo nave militante
de su Iglesia, y tú vicario
de su poder, y en el mar
su piloto soberano.
Que yo, con la obligación
que tengo, seré entretanto
con la voluntad y vida
tu perpetuo feudatario.
Siendo, a pesar de los tiempos
envidiosos y contrarios,
amigos hasta la muerte,
como es razón, Pedro y Saulo.

Pedro   Yo soy el que gano en ello.
               Veis aquí, Saulo, mis brazos.

Saulo   En ellos hallé la vida

que a vuestra amistad consagro.

Andrés

Ya que de Jerusalén
venís, contadnos despacio
lo que hay por allá de nuevo;
que los que lejos estamos
de su grandeza, vivimos
con deseo y con cuidado
de saber sus novedades,
pues en ella hay desto tanto
cada día.

Saulo

               Una hay bien nueva
agora, que llegó a Tarso
por maravillosa.

Pedro

               ¿Cómo?

Saulo

Aquestos días pasados
ha parecido un profeta,
según dicen, hombre santo,
de grave y modesto rostro,
de treinta a treinta y dos años.
Cabello a lo nazareno,
crespo, hasta el hombro, y castaño
como la barba, también
repartida en dos pedazos.
ancha frente y sin arrugas,
ojos serenos y garzos,
nariz afilada, y boca
de dos corales por labios.
Sus palabras son compuestas
y el traje es honesto y llano,
que es una túnica sola

29

larga y de color morado,
sin costura, que le cubre
hasta el pie, que va descalzo,
con quien no es el blanco armiño,
si con él compite, blanco.
Ninguno reír le ha visto,
y algunos hacer milagros,
a enfermos dando salud
y a muertos resucitando.
En el templo cada día
predica, y el vulgo vario
le sigue, diciendo todos
que es profeta de Dios santo.

Pedro   ¿Cómo es su nombre?

Saulo   Jesús.

Andrés   Nombre altivo y soberano.

Pedro   Por la fama solamente
               inclinación le he cobrado.

Andrés   Yo le he de ver, aunque deje
               las redes, Simón hermano,
               por algunos días.

Pedro   Yo,
               Andrés, pretendo buscarlo.

Jacobo   Yo lo determino ver.

Juan   Y aun yo, Jacob, he pensado
               que es el profeta que dice

nuestro deudo muy cercano,
según las señas.

Saulo   Jacob
es de Jesús un retrato
en el talle y en el rostro.

Juan   Es, Saulo, su primo hermano,
si es el que pienso, y en él
viven secretos más altos
que nuestra humildad conoce.

(Sale Eliud deprisa.)

Eliud   ¡Válgate Dios, por caballo!

Saulo   ¿Qué hay Eliud?

Eliud   ¡Oh, señor!
Tú seas muy bien hallado;
que pensé que no salieras
del mar con tan buen despacho.
Gracias a estos pescadores,
después de Dios, que te han dado
la vida, que estuvo a pique
de sorberte el mar a tragos.
Ya te imaginaba yo,
dentro de muy poco espacio,
a librar bien con el mar,
ámbar de algún ballenato,
y venderte para guantes
y coletos al verano
por onzas.

Saulo	¡Bueno anduviera!
	De otra suerte lo ha trazado
	el cielo; gracias le doy.
	¿Qué hay del caballo?
Eliud	El caballo
	ha sido cabra montés
	por entre aquesos peñascos.
	Y de cansado y rendido,
	al fin se vino a la mano
	como halcón.
Saulo	¿Y dónde queda?
Eliud	Aquí le dejo arrendado
	con el mío en un quejigo,
	vertiendo un mar de agua entrambos.
Pedro	Tomad, Saulo, mi consejo,
	y vended ese caballo,
	que tiene malos siniestros
	y puede ser despeñaros.
	No aguardéis más experiencias
	que haberle Herodes echado
	de su Real caballeriza,
	y hoy ser causa en el mar cano
	de vuestra muerte.
Saulo	Antes pienso
	que su ardimiento bizarro
	ha de sacarme, sin duda,
	muy grande hombre de a caballo,
	porque el ser poco seguro
	me ha de tener con cuidado,

y de andar siempre en la silla
y he más firme.

Pedro   Sois temerario,
guardaos de alguna caída
adonde no os valgan, Saulo,
ni cuidados ni pies firmes;
que vivís muy confiado.

Saulo   El cielo es piadoso. Adiós.

Pedro   ¿Os vais?

Saulo   Pienso entrar en Tarso
al alba, y así no puedo
detenerme.

Pedro   ¡Extraño caso!
Esta noche bien podéis,
y estaréis aposentado
no mal.

Saulo   Yo agradezco, Pedro,
esa voluntad, y aguardo
servilla con largas obras;
pero agora es excusado
recibir esa merced.

Pedro   Ya que el día que me caso
os trujo vuestra fortuna
a esta ocasión, fuera, Saulo,
para mí de grande estima
que, en nuestra mesa cenando,
honrarais nuestras barracas;

que suelen ser de regalo
las cenas de pescadores,
y más en iguales casos;
para cuyo intento no hay
en todo este mar pescado
que no registren las redes
en nuestros humildes platos:
el ostión frito y cocido,
entre sus conchas guardado
como la perla; el albur,
la acedía y el robalo;
el pámpano entre laureles,
y como ternera, asado;
el sollo con perejil;
el peje espada y el barbo;
la lamprea en pan, la enguilla
que la imita, y el pescado
del refrán, que es siempre el mero,
y el pulpo hecho pedazos;
el congrio, el salmón, la jibia,
y el cangrejo colorado,
y el langostín, que al coral
parece que hurtó los ramos;
la sardina, que, a no ser
tan común, fuera estimado
por el pescado mejor,
y el sábalo, que le igualo
al faisán de Italia, el mujo,
el calamar y el dorado,
la caballa y el zurel,
y con pimienta el hidalgo
camarón, el peje rey,
el besugo y el lenguado.

Eliud	Esos en los desposorios suelen ser muy de ordinarios.
Pedro	Sin infinitos que dejo de nombrar; porque son tantos, que un mar parece la mesa.
Saulo	Goceisos por muchos años los dos, amén, con dichosa sucesión; mas porque tardo en llegar a Tarso ya, e importa llegar a Tarso con brevedad esta noche.
Pedro	Pues Dios os dé el deseado viaje que han menester vuestros intentos.
Saulo	Partamos. Pedro, Saulo es vuestro amigo, yo os doy por prenda esta mano.
Pedro	Yo también os doy la mía.
Saulo	Pues, Pedro, adiós.
Pedro	Adiós, Saulo.
Eliud	¿No hubiera tanta lamprea para el camino de paso, que en haberla apetecido parece que estoy preñado?
Pedro	Vaisos tan aprisa, que es

imposible.

Eliud
Yo malparo,
según eso.

Pescador
Para vos.

Eliud
Mi dueño sube a caballo.
Adiós.

(Vanse.)

Pedro
Guárdeos Dios.

Zebedeo
Por cierto
que es animoso y bizarro
este mancebo, que muestra
en las palabras y el trato
su nobleza.

Pedro
A mí me deja
a su amistad inclinado.

Andrés
Ya caminan, y parecen
dos águilas los caballos.
Yo pondré que tardan poco
de aquí a los muros de Tarso.

Jacobo
Buen viaje les dé el cielo;
que a fe que ha sido milagro
el ir con vida de aquí.

Zebedeo
Menos ardiente y dorado
al mar baja aprisa el Sol

por las puertas del ocaso.
Retirémonos, Simón,
a las barracas cantando,

Pedro   Retiremos norabuena;
vuelvan a cantar, y vamos.

(Saquen ahora el mayo como primero, y cantan entrando:)

Tálamo de amor,
icuán bien que parecéis hoy!

(Salen Saulo y Eliud.)

Saulo   Gallardamente han corrido
los caballos.

Eliud   Han dejado
el viento atrás, y han pasado
los pensamientos.

Saulo   No ha sido
pequeña la diligencia.

Eliud   Hipócrifo parecía,
que volaba y no corría,
tu caballo en competencia
de tu propio pensamiento,
que de espuela le sirvió.

Saulo   ¿Qué hora será?

Eliud   Pienso yo
que no verá el soñoliento

planeta en estas tres horas
el alba, a quien los poetas
tantas cosas indiscretas
han dicho; que las señoras
   estrellas están de espacio,
visita haciendo a la noche,
y las aguarda su coche
a las puertas de palacio,
   aunque pienso que se irán
en su carro las cabrillas.

Saulo   Del cielo las maravillas
ahora viéndose están,
   Esta estrellada techumbre
da señales del poder
de Dios, y el que llega a ver
de fe con alguna lumbre
   a esta celestial pintura,
admira la omnipotencia
y la soberana ciencia
de Dios, en tanta criatura.

Eliud   A mí me da cuanto miro
hambre y sueño, y me comiera
toda esta estrellada esfera,
a ser de huevos.

Saulo   Yo admiro
de Tarso la soledad.

Eliud   Apenas un cardador
ha despertado, señor,
que suelen en la ciudad
   cantar antes que amanezca

seis horas a treinta voces,
todos contraltos feroces,
sin que un tiple se parezca.

(Suenan cajas de templadas.)

Saulo   Escucha. Unas destempladas
                         cajas parece que escucho.

Eliud   A estas horas fuera mucho.

Saulo   Si no son imaginadas
                            sombras, estas son banderas
                         arrastrando, y me parece
                         entierro romano.

Eliud   Ofrece
                         a veces fantasmas fieras
                            a los ojos el desvelo,
                         que pena y cuidado dan.
                         Antojos, señor, serán.

(Salgan cajas y banderas arrastrando.)

Saulo   Agora bañando el suelo
                            con lágrimas, y tendido
                         el cabello por los ojos,
                         con tres hachas, que despojos
                         de acto funeral han sido,
                            y mantos negros atrás,
                         tres mujeres juntas vienen
                         que oficio de llorar tienen
                         en los entierros.

(Salgan tres mujeres como dicen los versos.)

Eliud   Jamás
          he visto cosa como esta.
          Limpiémonos bien los ojos,
          porque pueden ser antojos.

Saulo   Las cajas dan por respuesta
              que es verdad lo que miramos.

(Pase ahora el ataúd como dice.)

              Agora viene, Eliud,
              en hombros un ataúd
              de cuatro ancianos. Sepamos
                  quién es ese caballero
              que, a la romana costumbre,
              antes de mirar la lumbre
              del Sol se entierra.

Eliud   Yo quiero
              llegar a saberlo deste
              que detrás del cuerpo helado
              va de un pavés embrazado,
              para que nos manifieste
                  deste enigma la verdad.

Saulo   Llega a preguntarlo, pues.

Eliud   Decidme, señor, ¿quién es
          este difunto?

Balbo   Mirad
              en el pavés su blasón,

porque Saulo dice en él,
hijo de Salatiel.

Eliud   ¡Saulo!

Balbo   ¿Qué os da admiración?

Eliud   ¿Cómo puede ser que sea
Saulo, si está vivo aquí?

Balbo   Saulo va difunto allí,
que en el mar de Galilea
         murió anegado.

Saulo   ¡No estoy
en mí! ¿Es sueño, es devaneo
lo que escucho y lo que veo?
Sí es verdad que Saulo soy,
         ¿cómo me van a enterrar?
¿Libre del mar no salí,
y a Tarso ite llegado? Sí,
¿pues cómo me anegó el mar?

(Vanse entrando las mujeres y el ataúd, y el del pavés se va poco a poco.)

                 ¡Qué notable confusión!

Eliud   Sin sentido estoy.

Saulo   Recelo
que este es aviso del cielo,
y esta es celestial visión.

Eliud   Yo le quiero preguntar

por mí, que quizá Eliud
andará en otro ataúd.
¿Qué digo? ¿sabráme dar
   cuenta de cierto criado
de ese Saulo, que Dios haya,
si también en esa playa
quedó del mar anegado,
   que se llamaba Eliud,
de fe, diligencia rara,
mozo, amarillo de cara,
y de muy buena salud,
   si por dicha por allá
se ha muerto, a su parecer?
Porque puede también ser
sin que él lo supiese acá.

Balbo   No sé.

(Vase.)

Eliud   Más vale que estemos
en duda mal por mal.

Saulo   Ya
el Sol con el alba está.
En casa de mi padre entremos,
   si es que estoy vivo, Eliud.

Eliud   Si verdad te he de decir,
no hueles bien.

Saulo   Eliacir,
criado de gran virtud
   de mi padre, abre la puerta

de casa: quiero llegar,
y de mí me podrá dar
cuenta verdadera y cierta,
   si es que con vida he llegado
a Tarso, Eliacir.

Eliazar   Señor,
dame tus manos.

Saulo   Mi amor
un abrazo te ha guardado.

Eliazar   Tú seas muy bien venido.

Saulo   ¿Cómo al fin mi padre está,
Eliacir?

Eliazar   Tres días ha...

Saulo   Prosigue, ¿qué ha sucedido?
   Y confuso no me dejes,
que harto confuso estoy yo.

Eliazar   Tres días ha que murió.
Causa para que te quejes
   de la fortuna cruel:
justamente tú has quedado
de todo cuanto ha dejado
por señor, y fuiste dél
   deseado muchos días,
que pensó primero verte
casado, que de su muerte
ver el que las ansias mías.
   Y Tarso y sus deudos lloran,

cuya muerte ha hecho falta
a la gente baja y alta
que dentro de Tarso moran.
    Mas es deuda natural
y hemos nacido con ella.

Saulo   Agora entiendo que aquella
                        fue inspiración celestial.

(Vanse.)   Y de mi padre la muerte
                        la ha confirmado también:
el cielo me envíe en bien,
pues en señales me advierte
    que aquella significó
que la vida que he traído
hasta agora muerte ha sido.
Y pues mi padre murió,
    la mitad de lo que heredo
a pobres pretendo dar,
y con lo demás pasar
medianamente, pues puedo,
    como quien soy, y desde hoy
ser un celador Elías
de mi ley, pues tras los días
corriendo a la muerte voy.
    Y hacer en Jerusalén
pública demostración
deste celo.

Eliazar   Admiración
da tu prudencia.

Saulo   Moisén
ha resucitado en mí.
Su ley he de predicar

y con rigor observar,
pues tantos avisos di
  con que me llaman los cielos
y con que en el mar airado
toqué la muerte anegado
entre montes de recelos.
  Sepan todos que he de ser
con más que humano valor
defensor y celador
contra el terrestre poder
  y contra todo el que hay
en el infierno y su rey
envidioso de la ley
que dio en el Monte Sinay,
  la mano de Dios escrita
a aquel capitán valiente
que sacó la hebrea gente
contra el fiero Madianita
  y Egipcio, y pudo pasar
con no vistas maravillas
del gran Jordán las orillas
pasando a pie todo el mar.

Eliud
  Su valor queda admirando,
y sepan del mismo modo
como yo me duermo todo
y pienso que estoy soñando.

Fin de la primera jornada

Jornada segunda

(Salen Saulo y Eliud.)

Saulo
        Gracias al cielo, Eliud,
que ha permitido que vea
el gran mar de Galilea
segunda vez con salud.
    Aquí sin vida me vieron
y aquí anegado me vi,
y el cielo y Simón aquí
libre en tierra me pusieron.
    Estas olas procuraron
darme muertes rigurosas,
y para mayores cosas
los cielos me preservaron.

Eliud
        ¡Qué falso y traidor está
sosegado el mar agora!
A quien su inconstancia ignora,
segura parecerá.
    Pues aunque su calma pida
dátiles al parecer,
si puedo, no me ha de ver
navegándole en su vida.
    No quiero tratar con quien
parece en la condición
que ha sido camaleón;
bien haya la tierra, amén,
    que es siempre de una manera
brame el leveche y solano,
que el que es llano siempre es llano.
y el que es monte nunca espera
    ser otra cosa jamás,

y sin mirar las estrellas,
guían carriles y huellas
a los que vienen atrás.

No hay más lindo caminar
que en un macho de alquiler,
tierra a tierra a su placer,
desde la venta al lugar.

Que navega a cuatro pies
sin viento, y si tiene alguno
por la popa, es importuno
si la cola el timón es.

Que cuando por maravilla
se va a pique en este mar,
puede, sin saber nadar,
salir un hombre a la orilla.

Saulo   Éstas las barracas son,
si la memoria me dura,
de Andrés y Simón: procura
buscar a Andrés y a Simón.

Eliud   Para pagar lo que debo,
con vida por ellos fuiste:
dos años ha que estuviste
casi a pique de ser cebo
de algún hambriento pescado
en este mar que se ve,
y parece que ayer fue.

Saulo   Vuela con paso callado
el tiempo, Eliud, y pasa
por nuestras vidas ligero.

(Sale el pescador que salió al principio del acto primero.)

Pescador	Este es aquel caballero,
	si no me engaña la escasa
	memoria con el pasado
	tiempo, en aquesta ocasión,
	que libró Andrés y Simón
	del mar casi ya anegado.
	De Tarso a Jerusalén
	debe de volver.
Eliud	Aquí
	viene un pescador.
Saulo	Ansí
	podrás preguntar más bien
	por Andrés y por Simón,
	que deben de estar pescando.
Pescador	Sin duda van preguntando
	por Simón y Andrés, que son
	los nobles agradecidos,
	y ansí de paso querrán
	visitarlos.
Eliud	¿Dónde están,
	pescador, entretenidos
	Andrés y Simón, que quiere
	Saulo, mi señor, hablallos,
	servillos y regalallos?
Pescador	De su nobleza se infiere
	tan noble agradecimiento;
	pero venís a ocasión,
	señor, que Andrés y Simón

siguen más heroico intento.

Saulo   ¿Pues están ausentes?

Pescador   Todo
cuanto de hacienda han ganado
con las redes, han dejado
y se han ido.

Saulo   ¿De qué modo?

Pescador   Muy pocos días después
que pasastes, Saulo noble,
por esa ribera a Tarso
honrando los pescadores,
llegó a su margen de plata,
venturosa desde entonces,
aquel profeta divino
que Jesús tiene por nombre,
de quien tú diste las nuevas,
con notables escuadrones
de gente que le seguía,
y honrado el humilde borde
de la nave de Simón,
le predicaba sus voces,
poniendo atento los aires
el mar los peces disformes,
que, como si le entendieran,
sobre las rocas y sobre
las barcas, al parecer
admiraban sus razones.
Acabó el sermón, y Pedro
le dijo: «Toda esta noche
sin ningún provecho he estado

pescando»; y Jesús mandóle
hacerse al mar, y calar
las redes, y apenas ponen
en ejecución lo dicho
Simón y Andrés, cuando cogen
tanto pescado, que fue
forzoso a los pescadores
de otro navío a pedir
ayuda, porque hasta el tope
los dos de pesca quedaron.
Pedro a los pies arrojóse
de Jesús, dándoles gracias,
con Andrés, y él abrazóles,
y díjoles que dejasen
las redes, que desde entonces,
pescadores pretendía
hacerles él de los hombres.
Siguiéronle, y navegando
en esa nave una noche,
se pensaron ir a pique
del mar y el viento a los golpes.
Iba en la popa durmiendo
el profeta, y despertóle,
a pesar del mar airado,
Simón, diciéndole a voces:
«¡Maestro, que nos perdemos!
Nuestra fortuna socorre,
porque el mar, por anegarnos,
al cielo levanta montes.»
Despertó, y al mar y al viento
mandó sosegar, y entonces
mar y viento obedecieron,
porque sus palabras ponen
freno al mar y al viento airado.

y siguiéndole conformes
Juan y Jacobo su hermano,
con Andrés y Simón corren
el mar de Genesaret,
y luego Felipe escoge
en Betsaida, y Jacobo,
que Alfeo tiene por nombre,
decano de Galilea,
y a Bartolomé, del noble
tronco real, y a Tadeo,
y porque con él se nombre
al cananeo Simón,
a Tomé, y del banco enorme
a Mateo el publicano
y a un Judas Iscariote,
que sirve de despensero,
y les compra lo que comen,
que no me parece igual
en virtud a esotros once:
hombre bermejo de barba,
falso en todas ocasiones,
vendiendo siempre a quien mira,
que es propiedad de traidores.
Bien puede otras cosas ser,
mas su ausencia me perdone,
que tengo de él mal concepto,
al fin, con aquestos doce
discípulos, que ha nombrado
apóstoles, y cuyos nombres
escuchas, sin infinitos
que agora no se conocen,
que se llaman encubiertos,
permite el cielo que asombre
a la tierra con milagros,

que en este vecino monte
le he visto dar de comer
a más de cinco mil hombres
con no más de cinco panes
y dos peces. Cuantos oyen
su palabra no la dejan;
que sus divinos sermones
hacen labor en las almas,
y a cuantos las manos pone
quedan sanos. Yo le vi
a un paralítico pobre
de cuarenta años de enfermo,
que por solo falta de hombre
nunca entraba en la piscina,
a donde el cielo dispone
que revolviéndola un ángel
sanasen de sus dolores,
levantarse con su cama
a cuestas, aunque los torpes
escribas y fariseos,
porque era sábado entonces,
murmuraron y dijeron
que de su precepto el orden
traspasaba desta suerte
y que era delito enorme.
A un ciego de nacimiento
después vi dar vista, a donde
sanó a un leproso, y a un mudo
demonio forzó a dar voces,
hasta echarle de aquel cuerpo
que atormentaba, y disformes
enfermedades sanando,
convierte mil pecadores:
¿conoces a Magdalena,

la que aventajó en la corte
de Jerusalén a tantos
en galas, en invenciones;
la que fue de tantos ojos
hechizo, llamando soles
los suyos; la celebrada
con músicas y canciones;
la señora del castillo
de Magdalo, que por dote
se le dejaron sus padres,
de Marta y Lázaro noble,
hermana?

Saulo   En Jerusalén
tuvo en mi tiempo gran nombre,
aunque entonces comenzaba
la fama de sus amores.

Pescador   Esta, a un sermón de este santo
profeta las condiciones
mudando de mujer flaca,
sus pecados reconoce,
y es una santa mujer
y escalas al cielo pone
con penitencias notables
que su beldad desconocen,
siguiendo a su hermana Marta,
por cuyas intercesiones,
de cuatro días difunto,
Lázaro volvió a ser hombre;
que yo le vi del sepulcro
levantarse alzando el bronce
y el mármol que le cubría,
llamándole por su nombre

este profeta divino,
que siguiendo sus veloces
pasos en convertir almas
a su santidad conformes,
le he visto hacer infinitos
milagros, donde conocen
todos que es Hijo de Dios
y es el que esperan los hombres;
la Pascua de los Ázimos,
al fin que es de las mejores
que celebra nuestra ley
desde el primer sacerdote,
sobre un jumento, cercado
de sus discípulos doce,
entró del Sol por la puerta
en Jerusalén, a donde
salieron a recibirle
cuantas diversas naciones
en Jerusalén estaban
de varias partes del orbe,
árabes, citas, asirios,
medos, partos, etíopes,
griegos, persas, abisinios,
indios, egipcios, gulones,
y desgajando a una voz
palmas, laureles y robles,
camino y calles vestían
y desnudaban los montes.
Otros echaban las capas
y sus ropas, por adonde
pasase el santo profeta,
cantando todos conformes:
santo, santo, Dios divino
de los ejércitos sobre

las jerarquías, que vienes
de Dios excelso en el nombre.
Con este glorioso triunfo
entró en Sión, que sus torres
con lenguas de sus almenas
ayudaban a estas voces.
Yo me volví a esta orilla
a solo poner en orden
naves, redes y barracas,
porque me llama a que goce
de sus palabras el cielo,
que este es imán de los hombres.

Saulo

Muchas cosas han pasado
solo en dos años que corren
que estoy de Jerusalén
ausente en Tarso.

(Dicen dentro:)

Recoge
las redes y barca. ¡A tierra
las barcas, que el mar salobre
gran tempestad amenaza!

Pescador

Voces dan los pescadores,
y, sin duda, el mar se altera,
pues todos las barcas ponen
en la orilla. A esa nave
quiero echalle áncoras dobles.
Saulo, adiós, y si queréis
quedaros aquí esta noche,
no os faltará cena y cama.

Saulo

Guárdeos Dios.

(Vase el pescador.)

Eliud   El Sol se pone
                   luto, al parecer, ¿qué es esto?
                   Y el mar las peñas se sorbe.

Saulo   También la Luna se eclipsa,
                   y contra el natural orden,
                   todo el Sol está eclipsado
                   y es un caos el horizonte.
                   Las estrellas llueven sangre,
                   cometas crinitos corren
                   por el aire, y encontrados,
                   asalto a los cielos ponen.
                   Los vientos, con montes de agua
                   arrancando de los montes,
                   con furiosos remolinos,
                   pobos, quejigos y bojes.
                   Los peces, aves y fieras,
                   piden socorro a los hombres,
                   dejando nidos y cuevas,
                   peñas y abismos, veloces.
                   Otra vez los elementos
                   se juntan, y disconformes
                   se mueven guerra, y las piedras
                   unas con otras se rompen.
                   Sin duda de sus dos polos
                   se desquicia el primer móvil,
                   y los once pavimentos
                   se apartan y descomponen.
                   ¡Que se viene abajo el cielo!

(Suena ruido como de truenos, y cae Saulo a un lado y Eliud a otro.)

Eliud	Pues si debajo nos coge,
	¡vive Dios! que las estrellas
	han de estrellarnos, si el norte
	las ha dejado caer,
	que es el eje deste coche.
Saulo	O de la naturaleza
	el Dios padece, o del orbe
	la máquina se desata
	y caen sus esferas once,
	o este profeta que dicen
	muere, y el mundo se pone
	este luto por su muerte.
Eliud	Deja consideraciones
	yo a estas barracas pajizas,
	si es posible, te recoge,
	mientras este furor pasa
	y dura esta oscura noche.
Saulo	De Dios, hasta en los abismos,
	ninguno, Eliud, se esconde.

(Vanse, y salen Ananías, viejo, y san Esteban.)

Esteban	¡Oh, amado padre Ananías!
Ananías	¡Oh, hijo Esteban!
Esteban	Después
	que padeciendo el Mesías
	son cumplidas, como ves,
	las antiguas profecías
	después que la ley escrita

por el dedo de tu padre,
la ley de gracia la quita,
y la Iglesia, nuestra madre,
ensancharse solicita,
   todo va en prosperidad;
que la nave de Simón
ya no teme tempestad;
que rige Dios el timón
al norte de su verdad.

Ananías   Es, Esteban, de manera,
que creciendo como espuma,
va dilatando su esfera
sin que el tiempo la consuma,
si el mar del mundo se altera.
   Desde que me dio Simón
el orden sacerdotal,
más de cuatrocientos son
los que el agua bautismal
tienen en esta ocasión.
   Y va pasando adelante
de la Iglesia militante
el escuadrón cada día,
con cristiana valentía
conquistándola triunfante.
   Pero, ¿qué nuevo escuadrón
es este que viene aquí?

Esteban   Soldados de Herodes son.

(Entra un capitán y soldados con alabardas.)

Capitán   ¿Quién es Esteban aquí?

Esteban	Yo soy.
Capitán	Pues date a prisión.
Esteban	¿Quién a prenderme os envía, contra la inocencia mía armando gente?
Capitán	Presumo que es del Pontífice sumo mandato.
Esteban	Justo sería. Pero ¿qué dicen que ha sido mi culpa, que no la sé?
Capitán	Que has blasfemado y has sido levita contra la fe de nuestra ley, sin sentido, siguiendo de aquel profeta que murió crucificado, la doctrina y falsa seta.
Esteban	Pues dime en qué he blasfemado.
Capitán	En decir que es más perfeta.
Esteban	Tenéis razón, es verdad. Digo que la ley escrita murió.
Capitán	¡Extraña libertad! no blasfemes más, levita, y a la prisión le llevad.

Soldados	Vamos.
Esteban	Amado Ananías, dale al Colegio sagrado nuevas de las dichas mías; que ya mi muerte, ha llegado y voy con mil alegrías porque sé que a morir voy por Cristo, que es la Verdad, de quien la defensa soy, y en fe de nuestra amistad, los brazos, padre, te doy.
Ananías	No sé en aquesta ocasión cómo he de poder decir lo que siente el corazón.
Esteban	Padre, pues voy a morir, échame tu bendición.
Ananías	Presto seguirán tus pasos los que quedan, que no son en verter su sangre escasos por tan divina ocasión.
Esteban	Esos son honrosos casos. Y pues la ocasión me llama y el amor de Dios me inflama, no es justo que yendo tarde me den nombre de cobarde, pues pretendo eterna fama, que subiendo a la triunfante Jerusalén, de mi fe

laurel y premio bastante,
el primer mártir seré
de la Iglesia militante.
    Y los príncipes verán,
de la Sinagoga, si
mil muertes juntas me dan,
el valor que vive en mí.
adiós; vamos, capitán.

(Vanse; queda Ananías.)

Ananías   Desatado en llanto quedo
y lleno de envidia estoy.
¡Oh, tú, del infame miedo
vencedor, Esteban, hoy
a quien solo envidiar puedo,
    pues que con Dios mano a mano
espero que te has de ver
tan presto! Este tronco anciano,
que ya amenaza a caer
de la muerte en el mar cano,
    alcance de Dios que tenga
fin tan dulce y tan dichoso,
pues que también me prevenga
con el laurel valeroso
del martirio, y no detenga
    este deseado día
a mi caduca vejez
y a mi cristiana porfía
hasta morir.

(Salen Bernabé y Gamaliel, viejo.)

Gamaliel   Desta vez

la gentil idolatría
    a un solo Dios uno y trino
ha de dar la adoración
debida a su ser divino.

Bernabé   Es centro de la razón,
                 vida, verdad y camino.

Gamaliel   Aunque sin lumbre de fe,
                 Platón le dio el atributo
                 en que su poder se ve,
                 cuando pagando el tributo
                 que a la vida impuesto fue,
                     rastreando desde allí
                 como filósofo el bien
                 inmortal, le dijo ansí:
                 «Causa de las causas, iten
                 misericordia de mí!»

Bernabé   Justamente mereció
                 de divino el nombre.

Ananías   ¡Ah, cielo!

Gamaliel   ¿Qué voz triste allí sonó?

Ananías   ¡En Esteban el consuelo
                 de mi vejez acabó!

Bernabé   Es Ananías.

Ananías   ¡Oh, amados
                 Gamaliel y Bernabé,
                 ejemplo de los pasados

y los presentes!

Gamaliel   ¿De qué
lloras?

Ananías   Llevan seis soldados
 de Herodes a Esteban preso
por el Pontífice sumo
de la Sinagoga, y de eso
mi llanto ha sido; presumo
que sin mirar el proceso
 le han de condenar a muerte
por envidia de su fama;
que aunque es venturosa suerte
el martirio, que le llama
por animoso y por fuerte,
 falta su vida nos hace.

Bernabé   Hoy con su muerte renace,
y a despecho del profundo,
el Sol que se pone al mundo
y a esotro hemisferio nace.

Ananías   La acusación que le pone
es decir que ha blasfemado,
y que a Moisén antepone
a Cristo crucificado.
Yo voy a ver qué dispone,
 y a daros las nuevas vuelvo.

Gamaliel   Dulces nuevas esperamos
con vida o muerte.

Ananías   Hoy resuelvo

mi vejez en llanto.

Bernabé   Vamos,
que en la memoria revuelvo
   segunda vez la Prisión
de nuestro profeta santo.
Daremos desta prisión.
nuevas al Colegio santo.

(Salen Saulo y Eliud.)

Saulo   Llegué a dichosa ocasión.
   Dame, gran Gamaliel,
gloria de todo Israel,
los brazos.

Gamaliel   ¡Saulo querido,
tú seas muy bien venido!
Habla a Bernabé, tu fiel
   condiscípulo y amigo.

Saulo   Con alma y brazos abiertos
le busco.

Bernabé   Lo propio digo,
que para servirle ciertos
están.

Saulo   El cielo es testigo
   que he sentido vuestra ausencia
en extremo extraordinario;
pero he prestado paciencia,
porque me ha sido contrario
el tiempo con gran violencia;

que fuera de haber hallado
muerto mi padre, y poner
en orden lo que he heredado,
pagar sus deudas, y ser
último y total cuidado
    de mi casa; he padecido
una larga enfermedad,
y cosas me han sucedido
que sola mi poca edad
puede haberlas resistido.
    De la hacienda que heredé,
la mitad a pobres di
y con la mitad quedé,
y vivir de asiento aquí
en quietud determiné,
    a donde ser determino
un excelente rabino
de la ley, y predicar
en la Sinagoga, y dar
de mi ingenio peregrino
    bastante demostración;
que lo que me ha sucedido
avisos del cielo son
de mi ingenio divertido
en diversa ocupación.
    Quiero que mis mocedades
den de mí a Jerusalén
este ejemplo.

Gamaliel   Otras verdades
testimonio de ti den,
Saulo, pues te persuades
    a mostrar ese divino
ingenio que te dio el cielo;

que el Hijo de Dios que vino
a padecer en el suelo
por el hombre, otro camino
　　más fácil ha descubierto
para nuestra salvación.
Ya llegó al dichoso puerto
nuestra esperanza, en razón
del bien que tuvo por cierto
　　toda la Sacra Escritura.
Ya las nubes han llovido
al justo, y desta ventura
todos testigos han sido;
ya pasó la noche oscura
　　de la ley escrita: ya
de la ley de gracia el día
rayos divinos nos da,
y ninguna profecía
por cumplir agora está.
　　Esta ha de ser con razón,
¡oh Saulo! tu profesión,
siendo admiración del suelo
para que te nombre el cielo
por un Vaso de elección.

Saulo

　　Maestro, admirado estoy
de tus razones, y dudo
que eres aquel de quien soy
discípulo, y estoy mudo
viéndote hablar.

Gamaliel

　　　　　Saulo, doy
los consejos que a mi estado
importan.

Saulo   Gamaliel,
¿quién el seso te ha trocado?
¿Tú eres mi maestro, aquel
que fue del mundo estimado
   por el más sabio sujeto
que las escuelas judías
han conocido? ¿Qué efeto
han hecho ciencias y días
en un hombre tan discreto?
   ¿Qué argumentos, qué razones,
maestro, te han persuadido
a tan nuevas opiniones?
Ese hombre que ha padecido
clavado entre dos ladrones,
   ¿pudo ser mayor profeta
que Moisés? Yo le vi aquí,
y aunque con virtud secreta
hacer milagros le vi,
en vida santa y perfeta,
   igualarle con Moisés
es temeraria locura,
pues en el Éxodo ves
que pasó libre y segura
el mar con enjutos pies
   por la virtud de su vara
la gente hebrea, y le dio
en el desierto agua clara
de una peña que tocó;
y no mostrándose avara
   con él la mano del cielo,
maná le dio por comida
por tanto desierto suelo,
para donde conducida
pasó el Jordán sin recelo;

dándole la ley escrita
la mano de Dios, ¿qué ciega
opinión te precipita?

Bernabé   Antes seguro navega
el mar de gracia infinita;
   que tú, Saulo, ciego vienes.

Saulo   ¿Tú también, Bernabé, tienes
tan sofística opinión?

Bernabé   Mayores milagros son
los de Cristo, si previenes
   contarnos los de Moisés,
pues es el Hijo de Dios
que esperó Israel después
de mil señales.

Saulo   Los dos
pretendéis dar a través
   con mi entendimiento ansí;
mas ¿cómo puede haber sido
el Hijo de Dios, decí,
si tan humilde ha venido
como le visteis aquí?
   ¿No habéis leído a Isaías,
que tratando del Mesías
dice que vendrá admirable
y con majestad notable;
y después dél Zacarías
   dice que vendrá el Señor
con gran multitud de santos,
capitanes de valor
que, venciendo los espantos

del infierno y el furor,
   debajo de su poder
el mundo pondrá sujeto;
y Daniel os da a entender
el mismo glorioso efeto
de rendir y de vencer,
   diciendo que varias gentes
le han de servir, y los doce
tribus rendirán las frentes
al poder que reconoce
en las once transparentes
   esferas la celestial
corte de su Padre, a quien
dicen que ha de ser igual?
¿Cómo naciendo en Belén
en un pajizo portal
   entre una mula y un buey,
sin más corona de rey,
de topacios y carbuncos,
que una de marinos juncos
que por ir contra la ley
   los hebreos le pusieron,
andando descalzo y pobre,
como ayer todos le vieron,
queréis que título cobre
del Mesías que dijeron
los profetas que ha de ser
de Israel la libertad,
y del romano poder
ha de librar la ciudad,
si hoy empieza a padecer,
   si nos tienen los romanos
sujetos, y de sus manos
no nos ha librado ya?

¿Quién nombre de rey le da
siguiendo sus ritos vanos?

Gamaliel   Nosotros, que conocimos
que era rey de cielo y tierra,
y que padecer le vimos,
que fue la sangrienta guerra
por quien redimidos fuimos.
    No contradice a Isaías
cuando dice que vendrá
con majestad el Mesías:
que esa venida será,
según muchas profecías,
    la segunda, cuando venga
para ser del mundo juez
y fin con el mundo tenga,
que vendrá segunda vez,
aunque agora se detenga.
    Que esta venida primera
en otra parte predijo
de aquesta misma manera
que hemos visto, cuando dijo
que el Señor que el mundo espera,
    con humildad entraría
sobre un jumento en Sión.

Bernabé   Y dice otra profecía...

Saulo   No os escucho más razón.
Basta, basta; ¡qué porfía!

Bernabé   El Mesías prometido
que espera tanto Israel,
es ese que ha padecido.

Saulo	Bernabé y Gamaliel,
	por merced muy grande os pido
	que en esto no me habléis más.
Gamaliel	¿Cómo en tu opinión estás
	tan rebelde, Saulo?
Saulo	Sí,
	que la ley en que nací
	no pienso dejar jamás.
Bernabé	Tu obstinación nos lastima.
Saulo	¡Hay blasfemia semejante!
	Si no os vais, tanto me anima
	mi ley, que, como gigante,
	os echaré un monte encima.
	Quitaos delante de mí.
Gamaliel	Bernabé, vamos de aquí,
	que es enojado un cruel.
Saulo	Idos.
Bernabé	Vamos, Gamaliel.
Gamaliel	¡Ah, miserable de ti!

(Vanse.)

Eliud	¿Quieres que a este puto viejo
	le dé pan de perro?

Saulo   No,
              déjalos.

Eliud   Por ti los dejo,
              que fui muy amigo yo
              siempre de tomar consejo;
                  que si no, en esta ocasión,
              pues en hablar no reparan,
              después de lindo chichón,
              a la piscina bajaran
              por el arroyo Cedrón.

(Ruido dentro.)

Todos   ¡Muera, muera!

Saulo   Oye, Eliud,
              ¿qué voces son esas, di?

Eliud   Una extraña multitud
              de mancebos viene aquí
              con orgullosa inquietud
                  tras un hombre, al parecer
              delincuente.

(Entren todos los soldados que pudieren, desnudándose la ropa y echándola
en un montón a un lado del tablado.)

Soldado I   A desnudar,
              que aquí podemos poner
              la ropa, que este lugar
              el teatro puede ser
                  del suplicio riguroso.

Saulo	¿Qué es, decid, lo que intentáis,
	que con furor presuroso
	las ropas os desnudáis?
Soldado II	A un hombre facineroso
	que contra la ley escrita
	ha blasfemado, apedrea
	el pueblo, que solicita
	defender la ley hebrea.
Saulo	¿Quién es ese hombre?
Soldado I	Un levita.
Saulo	¿Cómo no le traga el suelo?
	Ejecutad, dando espanto,
	el suplicio sin recelo,
	que yo os guardaré entretanto
	la ropa.
Soldado I	Guárdete el cielo.

(Vanse los dos soldados.)

Saulo	Ayúdale tú, Eliud,
	también con igual presteza;
	que esta es heroica virtud;
	que a estar bien a mi nobleza,
	fuera de esa multitud
	uno, que con mayor celo
	sirviera mi ley.
Eliud	Recelo
	que el levita, camarada,

a la primera pedrada
mía, ha de dar en el suelo.
   Que soy hombre que si acepto
para tirar desafío,
tanto acierto, que, en efecto,
piedra como un puño mío,
por un cántaro la meto.
   Ese levita haga cuenta
que es cántaro, y por la boca
meterle piedras intenta
mi brazo, porque es tan loca,
que la ley escrita afrenta
   con blasfemias.

Saulo   La ocasión
te llama, que el escuadrón
de la gente puesto está
para el caso en orden ya.

Eliud   Yo voy.

Saulo   Ya empieza el pregón.

(Dentro pregón.)   Esta es la justicia que manda hacer el Sumo Sacerdote a, este levita por blasfemo a la ley y por rebelde a su Sinagoga. Manda que muera apedreado por ello. Quien tal hace, que tal pague.

Saulo   Ya toda la gente espera
a tirarle.

(Dentro:)   ¡Muera! ¡Muera!

Saulo   Muera, hebreos, muera, pues,

que así servís a Moisés,
que os dio la ley verdadera.

(Suenen piedras dentro.)

    Tiralde, y vuestro furor
haga a su soberbia guerra
con piedras de tal valor,
que caiga la estatua en tierra
de Nabucodonosor.
    Veremos qué gloria espera
de la soberbia quimera
que contra el cielo levanta
ofendiendo su ley santa.
¡Muera!

Todos   ¡Muera!

Saulo   ¡Muera!

Eliud   ¡Muera!

(Sale Esteban con piedras metidas en la cabeza, bien lleno de sangre y polvo, cayendo y levantando, y se queda de rodillas en la mitad del tablado.)

Esteban   Ya, Señor, al deseado
puerto del soberbio mar
del mundo, en salvo he llegado,
y hoy cesa de navegar
la nave de mi cuidado.
    Cargada de piedras viene
de las Indias orientales,
del divino amor que os tiene,
y es de suspiros mortales

la salva que hoy os previene.
  Mis voces son los grumetes
que alegres se han repartido
por mesanas y trinquetes,
y con mi sangre teñido
flámulas y gallardetes.
  Yo en la playa, desde el mar,
comienzo a desembarcar
toda mi mercaduría.
Recibid el alma mía
y dignaos de perdonar
  estos locos desconciertos
desta gente que me da
muerte, en la verdad inciertos;
mas para mi entrada ya
miro los cielos abiertos.

(Suena música, y levántase del suelo. Esteban, muerto, abiertos los brazos.)

Saulo   ¡Oh, levita encantador!
                    Muerto en el aire ha quedado,
                    y el notable resplandor
                    que despide me ha cegado.
                    Sin seso estoy de furor:
                      Apartarme de aquí quiero,
                    y ser sangriento cuchillo
                    destos infames espero,
                    porque me llame caudillo
                    de mi ley el mundo entero.
                      Y por el Dios de Abraham,
                    que no he de dejar cristiano
                    en cuanto baña el Jordán,
                    que no castigue mi mano,
                    si la comisión me dan.

Iré al Sumo Sacerdote
y tratarélo con él;
y porque más no alborote
apuesta gente a Israel,
ha de ser Saulo su azote.

(Vase, y salen los que apedrearon a Esteban y Eliud.)

Soldado I   Si se ha puesto en oración
                       y no está muerto, acabemos
                       su vida.

Eliud   Tiene razón;
                       pero muerto está.

Soldado I   Pues demos
                       con su cuerpo en el Cedrón.

Eliud   Lleguemos.

Soldado II   ¿Qué es esto? ¡Cielos!
                       Ninguno puede llegar,
                       que es hechicero recelo
                       y nos pretende engañar,
                       pues apartado del suelo,
                          está en el aire tan alto,
                       y no debe de estar muerto.
                       Démosle segundo asalto.
                       ¡Llegad!

(Llegan todos y caen en llegando.)

Eliud   Nuestro fin es cierto:
                       no está de socorro falto.

Un brazo de fuego vi
que a todos nos arrojó
en tierra.

Soldado I   Vamos de aquí,
que es el brazo que bajó
del divino Adonay.

(Vanse, y entran Ananías, Bernabé y Gamaliel.)

Ananías   Lleguemos, que le han dejado
solo, porque al cuerpo demos
sepultura.

Gamaliel   Levantado
en el aire está.

Ananías   Lleguemos:
ioh, protomártir sagrado,
    pues que de la militante
iglesia eres el primero
mártir que entró en la triunfante!

Gamaliel   Darle mi sepulcro quiero,
aunque a su virtud bastante
    no fuera el gran Mauseolo
ni las pirámides altas
de Egipto, que dan al polo
asalto.

Bernabé   Con esto esmaltas
la tuya.

Ananías   Pues está solo

el cuerpo, llevémosle
antes que más gente acuda
y menos lugar nos dé.

Gamaliel   Ponelde en hombros.

Ananías   Sin duda
este es crisol de la fe.

(Llévanle en hombros.)

(Vanse llevando a san Esteban, y sale Saulo con un papel en las manos, y Eliud
y el capitán y soldados.)

Saulo   Con tan amplia comisión,
cristiano no he de dejar
en los muros de Sión,
y hoy tengo de visitar
cuantas casas dentro son.
    Y presos y maniatados
han de ir los cristianos todos,
que los preceptos sagrados
tienen por tan torpes modos
de nuestra ley profanados.
    A ver si de las prisiones
que hacer por mi mano espero,
le libran las invenciones
del hijo del carpintero,
que murió entre dos ladrones.
    Ea, ¿quién vive en esta casa?

Eliud   Entralo conmigo a ver.

(Vase.)

Saulo	Cólera tanta me abrasa.

Eliud	Solo hay dentro una mujer
(Sale.)	que una vida estrecha pasa
	sobre unas piedras echada,
	que es la que ves.

(Abre una puerta y parece la Magdalena sobre una piedra, y otra por cabecera, y un Cristo en las manos y el cabello tendido sobre el rostro, como la pintan.)

Magdalena	¿Dónde, loco,
	con santidad mal fundada
	precipitas poco a poco
	tu juventud malograda?
	¿Dónde vas? ¿Qué es lo que intentas,
	siendo capitán de afrentas
	contra los cielos?

Saulo	¿Quién eres?

Magdalena	La escoria de las mujeres.

Saulo	Aun a Elías representas,
	y a no mirar en tu mano
	esa imagen del profeta
	que sigue el bando cristiano,
	te tuviera por discreta
	y santa.

Magdalena	Calla, tirano,
	que está aquí tu redención
	y no conoces tu bien.

Advierte tu perdición,
y como Jerusalén,
no aguardes tu destrucción.
    Y iay de ti y della si el día
de su tremendo poder
aguarda vuestra porfía!

Saulo   ¿Cómo es tu nombre, mujer?

Magdalena   Que se me olvide quería,
y así excuso de nombrarme.

Saulo   Dime tu nombre.

Magdalena   Magdalena
solía el mundo llamarme,
y de quien no ha sido buena
mira si es justo olvidarme.

Saulo   Pésame que una mujer
de tu nobleza, haya dado
en tan necio parecer;
mas para haberte engañado,
basta este nombre tener.
    ¿Quién, dime, te ha persuadido
que el camino verdadero
es el que hasta aquí has seguido?

Magdalena   Este divino cordero,
por mí afrentado y herido,
    este león de Judá
con el puñal en la boca,
que para todos está
como el amor le provoca,

abiertos los brazos ya.
   Llega, tirano, a adoralle,
que te está a voces pidiendo
que no tardes en buscalle,
si no es que vas pretendiendo
volver a crucificalle.

Saulo   Agradece, Magdalena,
que eres mujer, y después
a tu sangre, que la pena
que por las culpas que ves
a que la ley te condena
   padecieras; pero quiero
ser contigo cortesano
y parecer caballero,
y ansí, pues está en mi mano,
darte libertad espero,
   con tal que de la ciudad
te salgas luego, y advierte
que no es pequeña amistad
excusarse de la muerte.
Adiós; venid y cerrad,
   y pasemos adelante.

Magdalena   Vete, tirano arrogante,
que espero en otra ocasión
verte Vaso de elección
de la Iglesia militante.

(Ciérrase la puerta de la Magdalena.)

Saulo   ¿Qué casa es esta, apartada
del bullicio popular,
que está al parecer cerrada?

Capitán	Aquí se suelen juntar,
	como en parte diputada
	para su congregación,
	los discípulos de aquel
	que pasó muerte y pasión
	por decir que de Israel
	era Rey, y en conclusión,
	se hacen aquí sus errores
	y en amor suyo se inflaman
	con ayuno y oraciones,
	y cenáculo le llaman
	a una voz cuantas naciones
	están en Jerusalén,
	porque aquí, como te muestro,
	antes de morir, también
	cenó, Saulo, su maestro
	el legal cordero.
Saulo	Bien;
	a buena ocasión llegamos,
	si aquí juntos los hallamos,
	para premiar su virtud.
	Llama a esa puerta, Eliud,
	que no volverá, si entramos,
	otra vez a estar cerrada;
	que por el Dios de Israel.
	que si no Troya abrasada,
	ejemplo ha de ser cruel
	a la gente bautizada.
Eliud	Dentro no pienso que está
	gente, porque no responde
	nadie.

Saulo	Desechada será:
	pero la que dentro esconde
	con brevedad se verá.
	Echa esas puertas al suelo.

Eliud	Astillas las haré a coces.

Capitán	Su resistencia recelo.

Saulo	Mal mi cólera conoces,
	aunque los defienda el cielo,
	rompeldas.

Eliud	No será mal
	poniendo en ejecución
	tu mandato, que señal
	me ha dado un rojo listón
	de entregarnos el portal.
	Vuestro furor adelante
	pase; mas abrirle he visto.

(Sale san Pedro vestido de apóstol.)

Pedro	¿Qué quieres, lobo arrogante
	de la manada de Cristo,
	si está el pastor vigilante?
	Si estabas encarnizado
	y aprobado en tu rigor
	un cordero del ganado,
	huye, que sale el pastor
	y te tirará el cayado.

Saulo	¿Eres Pedro?

Pedro	Pedro soy, y piedra en que al edificio del cielo cimientos doy.
Saulo	Como a un hombre sin juicio oyéndote, Pedro, estoy. Todos parece que estáis locos; encantos han sido causa del tema en que dais, ¿a qué Tesalia habéis ido, que todos sin seso andáis?
Pedro	Siempre aquel que la verdad sigue, llama el mundo loco.

Saulo	La deuda que a tu amistad
	debo, no te importa poco;
	procura de la ciudad,
	   Pedro, salir con tu gente,
	y ocasión más no me des
	a que tu prisión intente,
	que puesto que a ti, después
	del cielo, perpetuamente
	   debo la vida, será
	forzoso el hacer mi oficio.

Pedro	No importa; que el cielo está de nuestra parte.
Saulo	El juicio que a todos falta os dé ya.

(Vanse. Salen Ananías, Bernabé y algunos cristianos con ellos.)

Bernabé	Amor es, buen Ananías,
	de patria el que atrás nos hace
	volver los ojos, que nace
	del que a tus ancianos días
	todos tus hijos tenemos,
	y porque el cielo te abona,
	la falta de tu persona
	con muerte tuya tememos;
	que la nuestra deseamos,
	pues ha de ser sacrificio
	a Dios, y bastante indicio
	deste intento al mundo damos.
	Volver los ojos atrás
	este temor nos ha hecho,
	y pienso que sin provecho
	huyendo a Damasco vas.
	Que sin duda es Saulo aquel
	que en aquel caballo viene,
	y nuestra prisión previene
	con nuestra muerte cruel,
	si no es que finge el temor
	esto a los ojos.
Ananías	Él es:
	alas ha echado a los pies
	del caballo a su furor.
	Saulo es, amigos, sin duda:
	caminá, amigos, veloces,
	que viene dándonos voces
	con otra espada desnuda.
	Damasco está cerca ya:
	entrémonos por sus puertas,
	a nuestro remedio abiertas,

porque una vez dentro allá,
   grutas nos dará la tierra
en que nos guarde el temor
del espantoso rigor
que el pecho de Saulo encierra.

Pedro   ¿Qué oigo? Sus voces recelo.
               ¡A Damasco!

Ananías   ¡Ánimo, hermanos!

(Vanse. Sale por lo alto Saulo en un caballo, con una espada desnuda.)

Saulo   ¡Esperá, infames cristianos,
               que baja un rayo del cielo!

(Vase abriendo una nube con relámpagos y truenos, y aparece Cristo, y al mismo tiempo cae del caballo Saulo.)

Cristo   ¡Saulo, Saulo! ¿dónde vas?
               ¿Por qué me persigues, di?

Saulo   ¡Qué es esto, cielo! ¡Ay de mí!
               ¡Oh tú, que arrojando estás
                  rayos de temor y espanto!
               ¿Qué quieres, que en tierra estoy?

Cristo   Jesús Nazareno soy,
               a quien tú persigues tanto.
                  Difícil cosa es querer
               contra el aguijón dar coces,
               si el poder de Dios conoces.

Saulo   ¿Pues qué me quieres hacer?

Cristo	Vete a Damasco, que allí lo que has de hacer te dirán.

(Vase, y la nube. Salen Eliud y otros.)

Saulo	Mis criados, ¿dónde están?
Eliud	Llegad aprisa, que allí del caballo, al parecer, ha caído Saulo.
Saulo	¡Ay cielo!
Eliud	Señor, levanta del suelo.
Saulo	Ciego estoy, no puedo ver aunque más los ojos abra.
Eliud	¿Qué es lo que te ha sucedido, con que la vista has perdido?
Saulo	No me atrevo a hablar palabra. Llevadme a Damasco, amigos.
Eliud	¿Quieres el caballo?
Saulo	No; dejalde libre, que yo no le he menester.
Eliud	Testigos puedo dar de cuantas veces, previniendo lo que pasa,

que le echases de tu casa
te aconsejé, y lo padeces.
   Lo que yo profeticé
estima, pues que le viste,
que de cogote no diste,
que no estuvieras en pie.

Saulo   Vamos a Damasco luego,
que me guía otro cuidado.

Eliud   En buen oficio he parado
si he de ser mozo de ciego.

Fin de la segunda jornada

Jornada tercera

(Sale Astarote, demonio, pintado de estrellas el rostro, con cota y faldón y manto atrás vestido.)

Astarote   Basta, monstruo de los hombres;
no más, rayo de los cielos;
tuya es la victoria, basta:
que me retiro y te dejo.
Pluguiera a mi pena eterna,
nunca del caballo al suelo
cayera, pues fue caída
para mi mayor tormento.
¿Qué importa quedar sin vista
llegando a Damasco ciego,
pues te hizo el cielo lince
de sus divinos secretos?
Diote el bautismo Ananías,
y la vista a un mismo tiempo,
siendo lavado del alma,
como remedio del cuerpo.
De enemigo de su Iglesia,
vaso de elección te ha hecho,
para su mesa escogido,
y para darme veneno.
Hombre y Dios, ¿no te bastaban
para tu edificio eterno
las columnas que escogiste
en tu divino Colegio:
sino que a un hombre en quien yo
tenía mi poder puesto,
me quitases de las manos
con tan notables extremos,
siendo general pregón

de tu divino Evangelio
en Seleucia, en Chipre, en Litris,
en Misia, en Corinto, en Efeso,
en Macedonia, en Atenas,
en Galacia, en todo el suelo
que baña el Nilo, en Dalmacia,
en Creta y en los desiertos
de la Libia, y en Arabia,
en Siria, en el Ponto Negro,
en Cilicia, en Licaonia,
en Antiochía, en los puertos
del Albión y en España,
del Betis de plata al Ebro,
destruyendo sinagogas,
y de los dioses inmensos
que en ídolos de oro y plata
adoraba el universo,
siendo espanto, siendo asombro,
que desterrándome de ellos,
no hay abismo que me ampare
en los muros del infierno?
Bien podré decir también,
aunque en diverso suceso,
Saulo, ¿por qué me persigues?
Mas sé la respuesta luego.
Confieso que fui vencido
de tu valor, y confieso
que eres doctor de las gentes,
que eres defensa del cielo,
que eres vaso de elección,
que eres espada de fuego
de su justicia, y que solo
oyendo tu nombre tiemblo.
Confieso que a ti y Miguel

Dios generales ha hecho,
del cielo a Miguel, y a ti
del mar y de todo el suelo.
Tuya es la victoria, basta;
esos despojos te entrego
de esos ídolos caídos,
de esos altares deshechos.
Toca a retirar, y marcha
con tus dichosos trofeos,
las banderas arrastrando
de mis locos pensamientos.
Tuyo es el campo, y el muro
de la Iglesia: no te niego,
vicario, apóstol de Cristo,
ninguna cosa a tu esfuerzo.

(Sale, la Carne, de mujer hermosa.)

Carne

En vano ¡oh Saulo! apercibo
contra el valor de tu pecho,
de mis ternezas las armas,
de mi gusto los aceros.
Para más afrenta mía
aspiré a sacar trofeo
de tan fuerte capitán,
de tan gran soldado viejo.

Astarote

¿De dónde vienes, hechizo
de los hombres, dulce cebo
de verdes años, y encanto
de los humanos deseos,
sirena de las edades,
imán de los pensamientos,
veneno de tantas almas,

y de tantos ojos fuego,
cuchillo de tantas honras,
locura de tantos sesos,
destrucción de tantas Troyas,
perdición de tantos reinos?

Carne

¡Oh, soberbio capitán
del ejército soberbio,
que tras sí del cielo trajo
la mayor parte del cielo!
A quien cayendo imitaron
los más hermosos luceros
que contemplaron los orbes
de sus once pavimentos.
Por cuya causa en tu rostro,
hermoso Sol de los nuestros,
esas estrellas trasladas
sin luz por tu atrevimiento.
Vengo de rendir un mármol,
un diamante, un monstruo eterno.

Astarote

No puede ser sino Saulo
hombre de tan gran esfuerzo.

Carne

Para rendir su pureza
me dio comisión el cielo;
que él por diversos caminos
quiere acrisolar su pecho.
Y procuré entre la nieve
de su barba y su cabello,
ser áspid que allí escondido
probase de mi veneno.
Y ha sido mi intento vano,
que castigando su cuerpo

con disciplinas y ayunos,
triunfa de mis pensamientos.
De pies y brazos desnudo
y el blanco cabello al viento,
con un vestido de esparto,
es monstruo de este desierto,
que entre estos ásperos riscos
igual resistencia haciendo
a mi estímulo carnal,
pone escalas a los cielos.
Y con estar de este modo,
no se descuida un momento
de escribir para esforzar
en la fe del Evangelio
a romanos y a corintios,
a los gálatas y efesios,
a los tesalonicenses
y a los filipenses luego;
a Timoteo y a Tito,
a los tarsenses y hebreos,
como doctor de las gentes;
mira cómo está escribiendo.

(Parece en lo alto de un risco, con barba y cabellera blanca, vestido de esparto, con la pluma en la mano y una tabla, escribiendo en ella.)

Astarote   ¡Oh prodigio de los hombres
                    y hombre prodigioso! Pienso
                    que para contra el abismo
                    eres gigante del cielo.
                    Gran privado eres de Dios
                    en el militante templo,
                    y despachas como tal
                    los negocios de su reino.

De la esfera de la Iglesia
sois los dos polos tú y Pedro,
porque su nave segura
pase del mundo el estrecho;
temor me pone esa vista.

Carne   Yo mirándole me afrento.

Astarote   Retirémonos.

Carne   ¿A dónde?

Astarote   A los muros del infierno.

(Vanse, y Saulo dice escribiendo:)

Saulo   Pablo, siervo de Dios, por otro nombre
apóstol apartado y escogido
en su Evangelio, porque al mundo asombre,
   lo cual por los profetas prometido
primero fue, y en la Escritura santa,
de su virtud el hijo procedido,
   profetizaron de la ilustre planta
de David, por la humana descendencia
que hasta el mayor zafiro se levanta,
   por cuya soberana omnipotencia
la gracia recibí y apostolado,
y la infusión de la divina ciencia,
   predicando su nombre y su sagrado
Evangelio, y abriendo los oídos
a los que sordos hasta aquí han estado,
   a los que estáis clamados y escogidos
en Roma por su voz, salud y gracia,
que os esté dando luz a los sentidos

ya que en vosotros su virtud se espacia.
limpios con el lavado del bautismo
de la primera original desgracia,
    primeramente haciendo de mí mismo
sacrificio al Señor, y gracias dando
en el nombre de todo el cristianismo.
    de que os conserva en su dichoso bando.
porque va vuestra fe por todo el mundo
con su santo Evangelio publicando.
    Dios me es testigo, en quien mi intento fundo,
que sin intermisión tengo memoria
de vosotros con ánimo profundo
    en mi oración, si en algo es meritoria,
porque a vosotros guíe mi viaje
para mayor aumento de su gloria.
    Y porque el Paraclito Santo baje
en la fe confirmada juntamente,
fuego de amor volviendo algún celaje.

(Ábrese una nube y baja un Ángel della un poco, o si no una cortina o bofe-
tón.)

Ángel   Pablo, Doctor de Dios y de su gente,
                      vaso de su elección, ¿a quién escribes?

Saulo   A los romanos.

Ángel   Capitán valiente,
                      que a tan grandes proezas te apercibes.
                      deja la pluma y sígueme.

Saulo   Obedezco
                      tu voz porque de Dios al lado vives.

Ángel	Hoy a tu ayuno el premio dar ofrezco,
	porque a este efecto solo Dios me envía.
Saulo	Bien sé que por la fe bien lo merezco,
	aunque por obras nada merecía,
	que todas son de Dios las que yo he hecho,
	en quien estriba la esperanza mía.
Ángel	Hoy quiere pagar Dios tu heroico pecho;
	que merece tu santa resistencia,
	Pablo, pisar el estrellado techo;
	¿atreveráste a ver su omnipotencia
	cara a cara?
Saulo	Si alcanzo gloria tanta,
	llévame a ver la luz de su presencia;
	que águila soy, si al cielo me levanta,
	para atreverme a ver el Sol divino,
	puesto que su poder mi ser espanta;
	bien sé que soy de tanto bien indino;
	mas verle cara a cara no recelo.
Ángel	Llevarte a ver su rostro determino.
Saulo	¿A dónde he de llegar?
Ángel	Al tercer cielo.

(Baje la nube con el Ángel hasta el medio del tablado, y cubra a san Pablo con ella, y súbanla, habiendo dejado por un escotillón a entrambos, y salga san Pedro como le pintan.)

Pedro	Nave de Pedro, dad gracias,
	que hoy por vos el cielo toma

puerto deseado en Roma
después de tantas desgracias.
   Para aquí venís cargada
de tesoro celestial
de su Iglesia, al temporal
de su gracia encaminada.
   Vuestro norte fijo es Dios,
y así no hay temer perdello,
que es el lucero más bello
a quien podéis mirar vos.
   Echad las áncoras ya
y haced al romano muro
la salva, pues que seguro
vuestro leño en salvo está.
   Que este es el mayor trofeo
que entrar por sus puertas vio
Roma, que al mundo rindió;
pero ¿qué es esto que veo?

(Sale un niño con una Cruz a cuestas.)

   ¿Qué nueva y divina luz
su nimbo empieza a mostrar?

Niño   Pedro, ayúdame a llevar,
pues vas a Roma, esta Cruz;
   pues con ánimo te veo
de imitarme en la Pasión
que pasé, y eres, Simón,
Semi-Simón Cirineo.
   Que como partí contigo
el poder, quiero, aunque fuerte,
en los trabajos tenerte
por compañero y amigo.

Piedra de mi Iglesia, llega;
ayúdame, Pedro amado,
que voy a Roma cansado.

Pedro   Tu divina luz me ciega,
             y no puede a tanta luz
             ser águila el pensamiento.

(Vale a ayudar, y déjasela toda.)

Niño   Piedra de mi fundamento,
             cargue sobre ti esta Cruz.

Pedro   Dichosa carga será.

Niño   Hoy, Pedro, para probarte,
             todo el peso he de dejarte.

Pedro   Dulce me parecerá,
             que vuestro yugo es suave
             para el alma que le toma.

Niño   Esa Cruz te aguarda en Roma
             para farol de tu nave.

Pedro   Dichoso mil veces yo,
             que tanto bien merecí;
             no estoy de contento en mí;
             mucho Dios, Pedro, os honró,
                  pues que su Cruz os ha dado
             para imitalle también
             en la muerte; tanto bien,
             ¿qué pecho humano ha alcanzado?
                  ¡Oh Cruz! Cien eternos lazos

con el alma asirte quiero;
que eres mi esposa, y espero
acabar entre tus brazos.

(Música.)

(Baje la nube con Saulo, y salga della con hilos de resplandor, y todo turbado
y espantado.)

Saulo   ¿A dónde estoy? ¿quién soy yo?
¿Qué bien nunca visto vi
que no me acuerdo de mí?
No soy hombre en carne, no;
que ninguno mereció
mirar a Dios cara a cara
y hablalle con luz tan rara
al tercer cielo subido.
A mí mismo me he perdido;
¡oh, si así sin mí quedara!
    ¿Qué es lo que vi? ¿Qué he escuchado?
¿Qué es lo que sentí y hablé?
¿Adónde he estado? No sé:
sin sentidos he quedado.
Ni en corazón de hombre ha entrado
lo que he llegado a gozar,
ni lengua lo puede hablar,
ni vista comprender,
ni entendimiento entender,
ni pensamiento alcanzar.
    Quiero buscarme a mí en mí,
porque a mí en mí me he perdido;
mas ¿cómo, si fue el sentido
lo que primero perdí?
¿Quién en mí sabrá de mí,

que me ve partido en dos?
¡Pablo! ¡Pablo! ¡Hola! ¿Sois vos?
¿No hay quien os responda acá?
¿Dónde está? Suspenso está
en las grandezas de Dios.
    Dejalde, que ya le veo
que en Dios está transformado.
y le arrebata el cuidado
donde no llega el deseo.
Llama dichoso tu empleo,
Pablo, mil veces, pues fuiste
quien tanto bien mereciste;
que si Moisés en el suelo
le vio y le habló, tú en el cielo
tercero le hablaste y viste.
    Dinos qué has visto y hablado
en estas vistas con Dios;
dónde habéis sido los dos,
tan gran Rey y tal privado.
Ni en corazón de hombre ha entrado
lo que he llegado a gozar,
ni lengua lo puede hablar,
ni vista comprender,
ni entendimiento entender,
ni pensamiento alcanzar.

(Parece el Ángel.)

Ángel   ¡Ah, Pablo!

Saulo   ¡Voz soberana!
                       ¿Qué quieres?

Ángel   Realzar tu fe.

¿Sabes dónde estás?

Saulo   No sé.
                    Que esta dicha en carne humana,
                    quien también se pierde y gana.

Ángel   Esta es la insigne Marsella,
                    de Francia provincia bella,
                    desde donde cada día
                    siete veces vive el día
                    del Sol de Dios una estrella.
                       Y porque no te parezca
                    que eres quien ha merecido
                    más que cuantos han vivido,
                    y esto no te desvanezca,
                    quiere el cielo que te ofrezca
                    lo que una flaca mujer
                    ha llegado a merecer;
                    que sus ángeles venimos
                    y al Empíreo la subimos,
                    y con Dios se llega a ver
                       siete veces cada día;
                    que el título ha merecido
                    de apóstol suyo, y ha sido
                    rayo de la idolatría.
                    Cuya valiente porfía
                    en penitencia ha igualado
                    la del Bautista sagrado;
                    siendo el vestido que lleva,
                    sus cabellos, y esta cueva
                    la casa que ha fabricado.

(Descúbrese una cueva, y en ella la Magdalena de rodillas, su cabello tendido
y un Cristo en las manos.)

103

Magdalena   Amado esposo mío,
siempre abiertos los brazos al remedio,
en cuyo bien confío,
que entre Dios y los hombres puesto en medio,
su culpa redimiste,
divino norte de mi llanto triste:
    ¿Cuándo, lleno el cabello
de las perlas del alba aljofarada,
cubierto el rostro bello
de jazmines, diciendo: Esposa amada,
llegarás a mi puerta,
estando para el alma toda abierta?
    ¿Cuándo, de que ha pasado
el invierno darán las varias flores
señal en monte y prado,
y los enamorados ruiseñores
darán música al día,
siendo tu Sol el Sol del alba fría?
    ¿Cuándo la voz sonora
oiremos de la viuda tortolilla
recibiendo el aurora?
¿Cuándo nieve y zafir dará a la orilla
el caudaloso río,
ámbar el prado, perlas el rocío?
    Pase el invierno, pase
tu ausencia larga, esposo regalado,
porque en tu amor me abrase
con dulces lazos de mi cuello atado,
y escuche de tu boca
tiernos requiebros que me vuelvan loca.
    No esté yo tan ausente
de vos, mi bien: volvedme a vuestros ojos,
que os quiero eternamente,

y sin vos, todo es lágrimas y enojos.
Por vuestros brazos muero,
y desta muerte allí la vida espero.
¡Ah mi bien! ¡ah mi esposo!
¡Ah mi cielo! ¡ah señor de mi albedrío!
¡Mi centro, mi reposo,
alma, vida, mi gloria, dueño mío!
El alma se me abrasa;
no me rondéis, amor; entrad en casa.
Mirad que vuestra ausencia
no la puedo sufrir; venid, que es hora,
que ya falta paciencia
a quien por tantas causas os adora.

(Cristo, dentro.)

Cristo   Ven, esposa querida.

Magdalena   Ya voy, aguarda, vida de mi vida.

(Arrebátala de la cueva, y queda san Pablo espantado.)

Saulo   ¡Oh mujer penitente,
de Dios enamorada, apóstol santa,
que a Dios viendo presente,
pisas el cielo con humana planta
siete veces al día,
entre la más excelsa jerarquía!
¡Dichosa Magdalena,
mil veces beso tierra tan dichosa,
que de tu sangre llena
dejas atrás la primavera hermosa,
siete veces al día,
grande galán en Dios tienes María!

¡Oh dichosa Marsella,
que gozas tanto bien, suene tu fama
desde el monte a la estrella,
que es en el sur del Sol segunda cama;
siete veces al día,
gran apóstol de Dios eres, María!

(Vase, y dice dentro Claudio, Capitán:)

Claudio   Roma triunfos aperciba
a tan grande Emperador,
siendo del mundo señor.
¡Viva Nerón!

Todos, dentro   ¡Nerón viva!

(Toquen música o atabalillos. Salgan los que pudieren de romanos, y Séneca
con barba blanca, y luego Nerón con corona de laurel y bastoncillo, y Tulia,
romana, de la mano.)

Tulia   ¡Con justa causa se alegra
Roma, oh gran Nerón, el día
que naciste!

Nerón   Tulia mía,
tú eres de la sombra negra
  de la noche el alba hermosa,
que cercada de arreboles
ha traído a sus dos soles
a mi esperanza dichosa.
  Tú eres la luz de este día,
y tú de mi nacimiento
la mayor dicha que siento,
que es solo llamarte mía.

106

Tengo por alta ventura
ser de Roma Emperador,
pero más es ser señor
de tu divina hermosura.
    Pídeme que por ti haga
alguna demostración
hoy que nazco: da ocasión
que Roma se satisfaga
    a lo que llega en mi pecho
el amor que han engendrado
esos ojos, que el dorado
planeta dejara el techo
    del zafiro celestial,
aunque tan alto le ves,
si quieres calzar sus pies
de su luz piramidal.

Tulia   Tu amor pido.

Nerón   Tulia mía,
si mi amor te satisface,
ese en mí como el Sol nace,
sin ponerse, cada día.
    No hay que pedir lo que tienes
tan segura: tu beldad
reina es de mi voluntad.

Tulia   Mil lustros ciñan tus sienes
    el laurel romano, y veas
a tus pies cuanto el mar sorbe,
y ciña el Sol en el orbe.

Nerón   Tu bien y vida deseas.

Séneca	Todo el Imperio romano
	hace lo propio, y aspira
	a darte triunfos que admira
	ese ingenio soberano.
Nerón	Y todo se os debe a vos,
	Séneca, que el que yo muestro
	es de tan grande maestro.
Séneca	Mil siglos os guarde el Dios
	no conocido, a quien Roma
	y Atenas levanta altares,
	y desde mis patrios lares
	deseo ver.
Nerón	Por vos toma
	Córdoba nombre famoso
	con el Imperio romano,
	como también por Lucano.
Séneca	En servirte soy dichoso.
(Dentro voces.)	Dejadnos entrar.
Nerón	Decí,
	¿quién son los que voces dan
	desta suerte, Claudio?
Claudio	Están
	unos poetas aquí
	que a tu nacimiento han hecho
	epigramas: esto ha sido.
Nerón	Pues que tantos han venido,
	que no son buenos sospecho.

Claudio	Es un formado escuadrón.
Nerón	Dalde, Claudio, a cada uno
	de ese ejército importuno
	diez sueldos, con condición
	que rompan los epigramas;
	que versos de errores llenos,
	como dan fama los buenos,
	bastan a quitar mil famas.
	Emprendan otros asuntos,
	que ser es caso pesado
	de un mal poeta alabado,
	cuanto más de tantos juntos.
	Y despide juntamente
	los gladiadores.
Claudio	Haré
	lo que mandas.

(Vase.)

Séneca	Siempre fue
	soberano y excelente
	en los griegos y latinos
	el arte de la poesía,
	mas no admite medianía
	en sus intentos divinos;
	que como puede pasar
	sin ella y sin la pintura,
	al mundo ha de ser tan pura,
	que exceder y aventajar
	pueda al humano deseo,
	que la humilde o la mediana

su sacro ritmo profana,
y desto mejor Orfeo
   y Apolo, sus inventores,
podrán mostrar la experiencia,
cuya divina excelencia
cuentan tan varios autores.
   Pero ya ha llegado a Roma
tiempo que, con seso vano,
contra Virgilio y Lucano
cualquiera la pluma toma.

Nerón
   Por extirpar desta secta,
Séneca, el número inmenso,
como a los médicos, pienso
desterrar a los poetas.

Séneca
   Deberáte Roma más.

Nerón
   Di que es, Tulia, gloria mía
de mi nacimiento el día
a quien tus rayos les das.
   Para muestra y para indicio
del amor más verdadero
que ha tenido amante, quiero
levantarte un edificio
   contra el poder de los años,
que a las termas se adelante
de Trajano, y se levante
hasta el Sol, para tus baños.
   Que para este efecto solo,
en esta parte que el Tibre
argenta el pie y besa libre,
famosa de polo a polo,
   quise hoy venir a comer.

| Tulia | Roma estatuas te levante |
| | por más verdadero amante. |

Nerón	Olmo a tu yedra he de ser.
	Comencemos a mirar
	el sitio hermoso, y después
	que te enriquezcan tus pies,
	comenzarán a sacar
	los venturosos cimientos,
	que ya parece que escalan
	el Sol, que sí harán si igualan
	a mis altos pensamientos.
	Por aquí será la entrada;
	ven, Tulia.

(Van a entrar, y parece a una parte san Pedro con sus llaves, y a la otra san Pablo con su montante.)

Saulo	Di a dónde vas;
	vuélvete, Nerón, atrás,
	que esta puerta está cerrada
	para el romano poder.

| Nerón | ¿Quién sois? |

Pedro	Dos guardas del cielo
	que tiene Dios en el suelo,
	y el que pisas ha de ser
	palacio de sus vicarios;
	y así en vano determinas
	alzar termas peregrinas,
	porque tienes dos contrarios
	en nosotros que vencer,

tan grandes como estás viendo.

(Vuélvense las tramoyas con ellos.)

Nerón

En vano pasar pretendo
delante: ¡extraño poder!
    ¡Dioses a quien no conozco,
yo os obedezco y no paso!

Tulia

No estoy en mí.

Séneca

                    ¡Extraño caso!

Nerón

Mi propio ser desconozco.
    Tulia, ¿viste este portento?

Tulia

Yo estoy sin seso y sin mí
después, Nerón, que le vi,
y he mudado el pensamiento;
    que estos que has visto, Nerón,
a quien parece que ayuda
algún Dios, siervos sin duda
del no conocido son
    y de su inmenso poder.
tengo a tu lado temor;
perdóname, Emperador,
que de su bando he de ser.
    Los gentiles ritos vanos
pretendo dejar, y pienso
ofrecer desde hoy incienso
al gran Dios de los cristianos,
    que es el Dios no conocido,
cuyo resplandor en mí
ha dado después que vi

	los dos que te han resistido
	el paso: buscallos quiero
	y no dejallos jamás.

Nerón   Tente, Tulia, ¿dónde vas?

Tulia   Buscando al Dios verdadero.

(Vase.)

Nerón   ¿Qué es esto, penas atroces?
               ¿Ansí aguáis mi alegría?
               Aguárdame, Tulia mía;
               mas en vano te doy voces.
                  ¿Qué hechizos, Tulia querida,
               queriendo igualar al viento,
               te han mudado el pensamiento
               y me han quitado la vida?
                  Tras ti iré por toda Roma,
               dándote voces, y ¡ay della
               si no rinde a mi querella
               la resolución que toma!
                  Que ha de arder como mi pecho,
               sin que piedra sobre piedra
               deje, pues mi amada yedra
               rompió el lazo más estrecho
                  que apretó jamás humano
               amor.

Claudio   Mira que no está
               bien a tu grandeza.

Nerón   Ya
               no hay, Claudio, consejo sano.

| Séneca | Precipítaste, señor, |
| | así, y no es bien que te quejes. |

| Nerón | Séneca, no me aconsejes; |
| | que no hay consejo en amor. |

(Vase y todos tras dél, y salen Cleto y Lino, mozos, y san Pedro.)

Lino	Huid, teniente de Cristo,
	de la furia de Nerón,
	que es enojado león
	de Libia, y hemos ya visto
	de su fiereza crueldades
	extrañas, y un triste efeto
	se teme en ti.

Pedro	Lino y Cleto,
	las sencillas voluntades
	vuestras conozco, mas veo
	que parece cobardía
	esconder el rostro al día
	de mi martirio, y creed
	que le doy acción de tal
	gloria a Dios en que esto sea,
	por haber, como él desea,
	de dar agua bautismal
	a Tulia, que de Nerón
	era infame concubina,
	ya de Dios prenda divina;
	y esta dichosa prisión
	es lo que yo más deseo.

| Cleto | Son nuestros miedos y llantos |

.... tantos.

Pedro	Ya vuestros intentos veo,
	   y quiero en eso agradaros
	aunque a mi intento resisto;
	de ese rebaño de Cristo
	quiero por guardas dejaros
	   hasta que os pueda volver
	a ver, hijos, a los dos,
	y quedaos con esto adiós,
	si esto en efecto ha de ser.
	   Si Pablo a Roma viniere,
	de mi jornada le dad
	cuenta, y volved a la ciudad.

Cleto	Su edad el cielo prospere, amado padre, y cabeza de su Iglesia militante.
Pedro	No paséis más adelante.
Cleto	¡Sabe el cielo la tristeza con que quedamos los dos!
Pedro	Ya conozco vuestra fe.
Cleto	Padre, escríbenos.
Pedro	Sí haré.
Lino	¡Adiós!
Pedro (Vanse.)	Lino y Cleto, adiós. Señor, mis caducas plantas,

115

como siempre encaminad.
¡Adiós, soberbia ciudad,
madre de grandezas tantas,
  que a pesar del tiempo, en vos.,
por divina maravilla
el mundo ha de ver la silla
de los tenientes de Dios,
  siendo de su Iglesia centro.
Un hermoso peregrino
viene por este camino;
quiero salille al encuentro,
  que le he cobrado afición,
y haciendo de quién es prueba,
sabré dél qué intento lleva
a Roma en esta ocasión.
  Mientras cerca le miro,
en extremo me aficiona;
mas su gallarda persona,
su hermosa presencia admiro:
  guíe, peregrino, el cielo
vuestros pasos.

(Sale un peregrino, y sea el que salió en la nube a san Pablo.)

Peregrino	Sálveos Dios.
Pedro	¿Vais a Roma?
Peregrino	Cuando vos dejáis el romano suelo.
Pedro	¿Y a qué vais?
Peregrino	Voy, Pedro, a ser

en ella crucificado,
segunda vez afrentado
de haberos visto temer.
   Si así os vais por no imitarme
en la muerte que os ofrece
tan grande ocasión, parece
que otra vez queréis negarme.

Pedro
   Primero me negaré
a mí en mi incierta jornada,
y soy ya piedra engastada
en el oro de mi fe;
   dadme vuestros pies, Señor,
que yo confieso que he errado.

Peregrino
Ea, volved a el ganado,
no peligre sin pastor;
   volved por vos y por mí,
y vamos juntos los dos,
si vive el valor en vos
del huerto Getsemaní;
   volved, Simón, a guardar
vuestro perdido ganado,
y morad con el cayado,
que es la cruz que os di al entrar.

Pedro
   Señor, no fue cobardía,
que bien sé que de mi pecho
podéis estar satisfecho;
pero la palabra mía
   os doy, que el lobo cruel
no ha de ofenderme el ganado,
ni he de dejar el cayado
hasta que muera sobre él.

Peregrino	¡Valor a la empresa igual!
Pedro	El que tengo sabéis vos.
Peregrino	¡Seguid, teniente de Dios, los pasos del General!

(Vase el uno tras del otro, y sale Nerón y Séneca y Claudio.)

Nerón	Aguarda, Tulia, no huyas, detén las plantas ligeras, que parece que aventajas al tiempo en la ligereza. ¿Dónde estás, que no te alcanzan mis suspiros ni mis quejas? ¿Quién te engaña, quién te aparta de mí con tan larga ausencia? ¡Ay, Tulia, qué mal que pagas mis amorosas ternezas, pues ofendiendo a los dioses haces a mi amor ofensa!
Séneca	Vence, Emperador de Roma, esa furia que te lleva; que la victoria más alta es hacerse resistencia. Mujeres podrás hallar de igual agrado y belleza; que no se ha cifrado en Tulia la hermosura de la tierra.
Nerón	Séneca, el amor jamás que ha de hallar otra igual piensa

que la que perdió, y ansí,
en perdiendo no sosiega.
No hay persuadirme que a Tulia
he de hallar quien le parezca,
si no es en mudanza el viento
y las piedras en dureza.
¡Oh, si supieses, maestro,
como me enseñaste ciencia,
enseñarme olvido, cuántas
desdichas vencer pudiera!
Que eterna fama ganaras,
pues aquesta pestilencia
del alma, amor con olvido
fácil remedio tuviera.
¡Qué de templos, qué de altares,
qué de estatuas de oro y piedras
amantes te levantaran,
y sacrificios te hicieran!
Mas ¿no hay quien enseñe olvido?

Séneca   El tiempo solo le enseña.

Nerón   Ya está acabada la vida
                cuando esa doctrina llega.

(Sale Claudio.)

Claudio   Dame albricias.

Nerón   ¿Pareció
                Tulia?

Claudio   Pienso que la tierra
                la ha escondido en sus abismos;

mas al autor de tu ofensa,
que es Pedro, un hombre de quien
raras maravillas cuentan,
que le dio a Tulia el bautismo,
ceremonia de la Iglesia
cristiana, de quien se llama
este fundamento y piedra,
traemos preso, y a Tulia
con rara constancia niega.
Juntamente, por el Tibre
una nave aragonesa
trae por Sexto, tu teniente,
de Palestina y Judea,
a un hombre preso, que llaman
Pablo, desta misma secta
de Pedro, de quien también
refieren varias proezas,
que por decir que es romano
y guardar sus preeminencias,
a Roma desde Cesárea
te lo remite.

Nerón   ¿A qué esperan?
Vengan delante de mí
esos tiranos, y tenga
venganza en ellos mi agravio,
y cuantos hallaren mueran
que esa ley siguen, y todos
no satisfarán mi ofensa.

Séneca   Del ingenio deste Pablo
tengo milagrosas nuevas,
y del valor juntamente,
que de su mano y su letra

he visto cartas en Roma.
A cuantos de Italia y Grecia
filósofos han escrito,
excede con excelencia,
y deseaba en extremo
ver su persona, aunque en esta
ocasión me da pesar.

Nerón   Rabio de furor.

Claudio   Ya llegan
                     Pedro y Pablo con prisiones,
                     gran Nerón, a mi presencia.

Nerón   De sangre cristiana el mundo
                     por mí otro diluvio espera.

(Entren por una puerta Pedro, y Saulo por otra, presos.)

Pedro   Doctor de la gente, Pablo.

Saulo   Pedro, piedra de la Iglesia,
                     deja que te bese el pie.

Pedro   Pablo, mis brazos te esperan.

Pablo   Esto es primero, en señal
                     que eres dichosa cabeza
                     de la Iglesia militante.

Pedro   Gracias al cielo, que ordena
                     que la amistad de la vida
                     en morir también se vea.

Nerón	Estos son los mismos, Claudio,
	que al entrar de aquella puerta
	me resistieron el paso;
	este la cuchilla fiera
	de una espada en una mano,
	desnuda, y este en su diestra
	unas llaves, y sin duda
	son hechiceros, y piensan
	con su mágica engañarnos.
	Los dos como he dicho mueran;
	que a Tulia he de descubrir
	con su muerte.
Séneca	Pablo, lleva
	con el valor que te da
	la fama y con la prudencia
	que tienes, la muerte airada
	que ya tan cerca te espera.
Pablo	No es muerte; que he de vivir
	en Dios cuando al mundo muera.
Claudio	Este es Pedro, y aquel Pablo.
Nerón	Este villano me cuesta
	tanto pesar, por los dioses,
	que si no fuera bajeza,
	que le diera con mis manos
	la muerte.
Pablo	Nerón, ¿qué esperas?
	Que ya los dos deseamos
	la muerte, para que veas
	el valor que en los dos vive.

Nerón	¡Qué notable valor muestra! ¿Eres romano?
Pablo	Nerón, privilegio es de mi tierra ser ciudadanos romanos los que naciesen en ella. Esta es la causa que Sexto, del mar fiero a la inclemencia, me remite en esta nave que el Tibre en su margen muestra, pasando entre mil peligros de islas, de mares y peñas, aunque no he llegado al puerto hasta que mi muerte vea.
Nerón	Yo os cumpliré de justicia, y esta será la sentencia: por ciudadano romano te cortarán la cabeza, y a ti, por hombre común, quiero que enclavado mueras en una cruz.
Pedro	Por tan grandes mercedes, beso la tierra que pisas.
Nerón	¿Ansí, villano, piensas vencer mi firmeza? Quitarme a Tulia, enemigo, pagarás desta manera.

Pedro	Dios para sí te la quita.
Nerón	Quitaldes de mi presencia y mueran luego.
Pedro	¡Adiós, Pablo, doctor de las gentes!
Pablo	¡Piedra de la Iglesia, adiós!
Pedro	¡Adiós, vaso de elección! En tierra de más verdad nos veremos presto.
Pablo	Allá Pablo te espera.

(Llevan a uno por una parte y a otro por otra.)

Séneca	¿Sin sustanciar el delito de Pablo, mandas que muera? ¡Ni saber lo que le acusan! Sexto, mira que condenas a muerte al hombre más sabio del mundo.
Nerón	Basta que sea cristiano para mi furia; no en vano Sexto en Judea le prendió y nos le remite, que alborotando la tierra andan estos embaidores.

Séneca   Ya dio la heroica cabeza
                          en tierra.

(Pablo de adentro, como que habla la cabeza dando tres saltos, y saliendo una
fuente de cada uno:)

Pablo   ¡Jesús, Jesús,
                          Jesús!

Séneca   ¡Notable extrañeza!
                          La cabeza dio tres saltos,
                          y sin el cuerpo la lengua
                          habla, y en cada lugar
                          que toca, una fuente bella
                          ha brotado.

Nerón   Estos cristianos
                          todo es hechizos.

(Sale Claudio.)

Claudio   Ya quedas
                          servido, como mandaste,
                          ya consumas la sentencia.
                          Pedro no quiso morir
                          en la cruz con la cabeza
                          arriba, sino hacia abajo,
                          y con más que humanas fuerzas
                          se puso al suplicio, y dijo
                          que pues su maestro en ella,
                          como sabes y predican,
                          murió de esotra manera,
                          a su grandeza guardaba
                          toda aquella reverencia

y decoro, dando a Roma
espanto su muerte fiera.
Desde aquí puedes miralle,
que en bizarra competencia
de Pablo la tierra admira.

(Parece Pedro en la cruz clavado, la cabeza hacia abajo, y san Pablo degollado
a la otra parte.)

Nerón   Aún no descansan mis penas,
                               abrasar pretendo a Roma
                               hasta que Tulia parezca,
                               y al mundo, si el mundo mismo
                               se opusiera a mi grandeza.
                               Cubrid esos fieros monstruos,
                               que espantan.

Séneca   Desta manera
                               fin da el Vaso de elección
                               y la piedra de la Iglesia.

                               Fin de la comedia

Libros a la carta

A la carta es un servicio especializado para
empresas,
librerías,
bibliotecas,
editoriales
y centros de enseñanza;
y permite confeccionar libros que, por su formato y concepción, sirven a los propósitos más específicos de estas instituciones.

Las empresas nos encargan ediciones personalizadas para marketing editorial o para regalos institucionales. Y los interesados solicitan, a título personal, ediciones antiguas, o no disponibles en el mercado; y las acompañan con notas y comentarios críticos.

Las ediciones tienen como apoyo un libro de estilo con todo tipo de referencias sobre los criterios de tratamiento tipográfico aplicados a nuestros libros que puede ser consultado en Linkgua-ediciones.com.

Linkgua edita por encargo diferentes versiones de una misma obra con distintos tratamientos ortotipográficos (actualizaciones de carácter divulgativo de un clásico, o versiones estrictamente fieles a la edición original de referencia).

Este servicio de ediciones a la carta le permitirá, si usted se dedica a la enseñanza, tener una forma de hacer pública su interpretación de un texto y, sobre una versión digitalizada «base», usted podrá introducir interpretaciones del texto fuente. Es un tópico que los profesores denuncien en clase los desmanes de una edición, o vayan comentando errores de interpretación de un texto y esta es una solución útil a esa necesidad del mundo académico.

Asimismo publicamos de manera sistemática, en un mismo catálogo, tesis doctorales y actas de congresos académicos, que son distribuidas a través de nuestra Web.

El servicio de «libros a la carta» funciona de dos formas.

1. Tenemos un fondo de libros digitalizados que usted puede personalizar en tiradas de al menos cinco ejemplares. Estas personalizaciones pueden ser de todo tipo: añadir notas de clase para uso de un grupo de estudiantes, introducir logos corporativos para uso con fines de marketing empresarial, etc. etc.

2. Buscamos libros descatalogados de otras editoriales y los reeditamos en tiradas cortas a petición de un cliente.

www.ingramcontent.com/pod-product-compliance
Lightning Source LLC
LaVergne TN
LVHW041257080426
835510LV00009B/774